本书系河南省规划课题"幼儿园儿童本位环境创设的实践研究"研究成果

在环境中看见儿童

ZAI HUANJING ZHONG KANJIAN ERTONG

毛宁 | 著

河南大学出版社
HENAN UNIVERSITY PRESS
·郑州·

图书在版编目（CIP）数据

在环境中看见儿童 / 毛宁著 . -- 郑州 : 河南大学出版社 , 2024.4

ISBN 978-7-5649-5878-7

Ⅰ.①在… Ⅱ.①毛… Ⅲ.①学前教育 - 教学参考资料 Ⅳ.① G613

中国国家版本馆 CIP 数据核字（2024）第 093309 号

在环境中看见儿童
ZAI HUANJING ZHONG KANJIAN ERTONG

责任编辑	陈 炜
责任校对	陈晓林
封面设计	牛书娜

出　版	河南大学出版社		
	地址：郑州市郑东新区商务外环中华大厦 2401 号	邮编：450046	
	电话：0371-86059752（大众文化出版中心）	网址：hupress.henu.edu.cn	
	0371-86059701（营销部）		
排　版	河南凯高教育科技有限公司		
印　刷	河南花之城印务有限公司		
版　次	2024 年 4 月第 1 版	印　次	2024 年 4 月第 1 次印刷
开　本	787 mm × 1092 mm　1/16	印　张	8.5
字　数	140 千字	定　价	55.00 元

（本书如有印装质量问题，请与河南大学出版社营销部联系调换。）

序：在环境中滋养儿童生长

环境作为影响个体生存与发展的条件，直接或间接地影响其生命发展的状态和质量。幼儿园环境作为一种教育环境，更是以不同于一般环境的特有魅力，成为儿童与儿童之间、儿童与教师之间、儿童与空间之间交流和互动的重要资源。这正是意大利瑞吉欧的教育工作者把幼儿园环境称作"我们的第三位教师"的原因所在。而《幼儿园教育指导纲要（试行）》也明确指出："环境是重要的教育资源，应通过环境的创设和利用，有效地促进幼儿的发展。"由此可见，幼儿园环境不仅是影响儿童学习与发展的活动要素，更是滋养儿童慢慢长大的、不可缺少的教育资源。《在环境中看见儿童》一书，正是作者凭借多年的实践智慧，向我们展示的一系列以"儿童为本"的幼儿园环境创设的成果。

该书由四个部分组成，每个部分均对幼儿园特定环境的创设进行了探讨，旨在使幼儿园的每一个角落都成为儿童学习与发展的地方。其中，第一篇"儿童本位'趣'生活环境创设"，重点关注儿童日常生活的环境创设，强调安全、舒适与充满美感的环境的必要性及环境育人的价值；第二篇"儿童本位'趣'游戏环境创设"，重点关注游戏环境的设计既要满足儿童探索、想象和创造的需求，又要激发他们与同伴之间的多维合作与交流；第三篇"儿童本位'趣'学习环境创设"，重点关注作为"隐性课程"存在的学习环境的作用和价值，以及如何科学构建有利于激发儿童好奇心和探究欲望的主动学习环境；第四篇"儿童本位'趣'运动环境创设"，重点关注促进儿童身体活动与健康发展的运动环境的设计与应用。

《在环境中看见儿童》一书不仅是关于幼儿园环境创设实践成果的展示，也是在多年的幼儿园办学实践中"基于儿童、为了儿童"的儿童教育理念的综合体现，更是郑州经开区第一幼儿园教师团队在毛宁园长的带领之下，对"儿童为本"理念的深度认识和对多年教育实践的生动体现。书中的一言一语都透露出对儿童的关爱和对教育的热情,每一个章节都展现着作者对幼儿园环境创设的理解和体验。

《在环境中看见儿童》的出版为我们打开了一扇窗,让我们欣喜地看到儿童如何在丰富、适宜和温暖的幼儿园环境中幸福成长的样貌。愿每一位读者在阅读这本书时,都能体会到幼儿园环境创设带给儿童快乐生活、健康生长的滋养。

河南大学教育学部　岳亚平

自 序

郑州经济技术开发区第一幼儿园，这是一片我深爱的土地，九岁的它正焕发出蓬勃的生机，那么迷人，那么欣欣向荣。

让这土地迷人而生动的，是在这儿肆意奔跑、畅享童年快乐的一群群孩子。他们闪烁的双眸，诉说着他们好奇、爱探究的强烈意愿。他们对这里的一切喜爱而熟悉：雨后的蜗牛、墙头的凌霄花、院子里的银杏树，还有那性格火烈的大白鹅……在初春的早晨，他们悄悄地把杏花花瓣捡起来塞进口袋里；在四月的午后，他们惬意地在草地上享用着美食；在六月的某一天，他们盯着阳台外冒出的枇杷果告诉老师："老师，我想吃……"

这里的孩子是舒展的，他们在这里被尊重、被看见、被支持，他们像雨后的嫩芽，自由而快乐地生长着。这种被看见，是全体一幼人始终怀揣教育的初心，带着对儿童生命的敬畏，在"趣"教育理念的引领下，不断研究儿童、理解儿童、支持儿童的躬耕实践。"儿童在前、成人在后"在这片土地被诠释得淋漓尽致，在课程中、环境中和师幼互动中，我们都能看到教师对儿童的理解和支持，让儿童在游戏中、生活中、运动中和学习中都能感受到被支持的力量。这种支持是无声的、有力的，是智慧的创造，是巧妙的引导，是及时的肯定和反馈，更是源源不断激发儿童生长的内在动力。

在这片土地上，教师和儿童、儿童与环境、环境与课程等要素互相支撑，形成了美好的教育生态，学习、发展自然而然地发生，"妙趣横生、乐趣自然"。

郑州经济技术开发区第一幼儿园党支部书记、园长　毛　宁

2024 年 1 月 16 日于赏趣园

目录

001　　让每个幼儿的童年充满趣味——在环境中看见儿童

007　第一篇　儿童本位"趣"生活环境创设

008　一　"趣"生活环境的创设
008　　（一）美食坊
010　　（二）4D厨房
014　　（三）班级生活环境

018　二　如何创设"趣"生活环境
018　　（一）倾听幼儿心声
020　　（二）回归生活，追随自然
021　　（三）重视课程与生活环境的同构
026　　（四）生活环境追随幼儿的发展，呈现动态变化

031　三　家园配合，助力幼儿"趣"生活
031　　（一）成立家委会、伙委会

1

033　　（二）家长资源管理
034　　（三）社区资源管理

035　四　"趣"生活环境创设的思考
035　　（一）生活环境的创设更加满足幼儿的真实需求
035　　（二）生活环境中更能凸显儿童的主体性
035　　（三）教师观察幼儿行为的意识得到了提升

036　第二篇　儿童本位"趣"游戏环境创设

037　一　"趣"游戏环境创设的意义和作用

038　二　"趣"游戏环境组织与实施
038　　（一）区角游戏
049　　（二）户外游戏
058　　（三）相关案例

080　第三篇　儿童本位"趣"学习环境创设

081　一　学习环境创设初探——公共区域环创的实践
081　　　（一）营造有生命、有灵气的公共环境
087　　　（二）幼儿经历创作全过程，获取关键经验，诱发深度学习

088　二　班级学习环境创设梳理
088　　　（一）学习环境内容实用
092　　　（二）学习环境创设以幼儿为主体
094　　　（三）学习环境追随幼儿的发展，呈现动态变化
097　　　（四）学习环境的创设促进幼儿能力的发展

098　三　学习环境创设中的收获
098　　　（一）学习环境内容更加贴近幼儿需求
099　　　（二）学习环境儿童本位痕迹更加凸显
099　　　（三）教师创设学习环境的能力得到了提升

100　第四篇　儿童本位"趣"运动环境创设

101　一　运动环境创设初探

102　二　运动环境创设梳理
102　（一）厘清概念，明确运动环境对幼儿整体发展的重要性及意义
103　（二）理论学习，梳理思路与方法
103　（三）梳理成果的总结呈现

105　三　运动环境创设过程的开展
105　（一）运动环境的创设满足幼儿的真实需求
110　（二）运动环境追随幼儿的发展，呈现动态变化
117　（三）固化研讨模式，提升教师运动技能与素养

122　四　运动环境创设中的收获
122　（一）环境真正为幼儿发展服务
122　（二）幼儿体质、品质得到极大提升
125　（三）教师专业综合素养逐步提高

让每个幼儿的童年充满趣味

——在环境中看见儿童

一、"趣"教育起源

（一）经开区第一幼儿园历程

河南省郑州经济技术开发区第一幼儿园位于郑州的东南方——美丽的经开区，是隶属于经开区教育文化体育局的第一所公办省级示范性幼儿园。园所占地面积15亩（约10000平方米），规划建设24个教学班，于2015年3月16日正式开园。自开园以来，全体一幼人始终牢记育人使命，以坚定的步伐，行走在"趣"教育探索与实践的道路上，逐渐形成了园本"趣"课程，以期一幼的每一个孩子都能有一个充满回忆、有趣味的童年；教师们在"趣"教育的践行中，找到幸福的坐标；家长们在孩子成长的陪伴中，领悟教育的真谛。

（二）"趣"教育的发展脉络

2015年3月开园后，基于对园所实际的分析，幼儿园提出了"趣"教育的主张。园所规模大，功能室多，这是幼儿园得天独厚的条件，这些功能室为孩子们发展个性和培养兴趣提供了空间条件，为幼儿园基于"发展个性"的育人需求提供了课程内容建构的多样性可能。在这种思想的指引下，建构了园本"趣"课程的1.0版本，提出了"健康教育、美的教育、爱的教育、社会性教育和创新教育"五个模块的"趣"课程的雏形。

随后，随着园所的不断发展，幼儿园依托专家和教科研的力量使"趣"教育思想体系更加科学、规范。教育部幼儿园园长培训中心原副主任张泽东、东北师范大学博士生导师姚伟教授、河南大学岳亚平教授都曾来到经开一幼，为

幼儿园问诊把脉；市级课题《幼儿园"趣"课程建构的实践研究》曾获郑州市教科研成果一等奖，课程成果荣获郑州市课程建设成果二等奖。

经过不断的丰富和完善，2023年8月"趣"课程实施方案2.0版本完成。

（三）"趣"教育的起源

1. 园所文化与精神的彰显

蔡元培先生说："教育者，非为已往，非为现在，而专为将来。""趣"教育是在园所始终坚持儿童本位理念的精神内核下，在实践探索过程中不断积累形成发展而来的。"尊重天性、发展个性"在我园已然形成一种共识和文化，影响着每一位教师尊重儿童、研究儿童，在高质量的师幼互动现场看见儿童的兴趣和需求，给予他们回应与支持，支持他们深度学习。

2. "趣"的字源文化溯源与释义

"趣"在古文中又通"趋"，意为"努力与当时的形势、环境及条件相适应"，意味着教育要向农民种地一样"依四时而生长"，尊重规律、努力向好。篆书"趣"字还有两层意思："追逐目标"和"快跑"。另外，从字面上看，"趣"字由"走""耳""又"组成："走"代表行动和主动探索；"耳"代表认真倾听，引申为孩子调动身体所有的感官进行学习，比如，通过眼睛进行观察学习，通过双手进行操作学习；"又"代表循环往复、不断尝试，说明幼儿的学习不是一蹴而就的，需要不断尝试才能获得成长的经验。

因此，"趣"教育核心主张可以归为：尊重规律，注重过程，不断追求创新和卓越。由此凝练了"趣"教育的核心理念是"尊重天性、趣向未来"。

"尊重天性"指向的是"趣"教育的儿童观，尊重儿童的学习方式，尊重儿童的成长规律。陈鹤琴先生说："儿童的世界，是儿童自己去探讨，去发现的。他自己所求来的知识，才是真知识，他自己所发现的世界，才是他的真世界。""趣"教育的教育观是"趣向未来"，指向的是教师具有专业的理念，与未来发展相匹配，幼儿基于成长发展需要主动学习的过程。

二、"趣"教育的理论基础及思想体系

(一)"趣"教育的理论基础

王阳明心学："大抵童子之情，乐嬉游而惮拘检。如草木之始萌芽，舒畅之则条达，摧挠之则衰萎。今教童子，必使其趋向鼓舞，中心喜悦，则其进自不能已。"这启示我们教育要积极创造条件，激发幼儿的主动学习。

陈鹤琴"活教育"：教育要遵循儿童身心发展的规律；活生新鲜的教材应直接采之于大自然、大社会。

卢梭"自然教育"思想：卢梭（法国启蒙思想家、教育学家）在《爱弥儿》中反复强调教育要顺应儿童的天性发展，尊重儿童的个性特点。

(二)"趣"教育思想体系

1. **办园宗旨：**让每个幼儿的童年充满趣味

2. **办园理念（2.0版本）：**有爱、有趣、向未来

有爱——儿童层面：爱自己、爱他人、爱国家（陈鹤琴：爱国家、爱人类、爱真理）；教师层面：爱孩子，爱教育事业，体现使命担当。

有趣——儿童层面：主动学习，善思会学；教师层面：儿童本位，尊重兴趣，支持发展。

向未来——儿童层面：享受过程，为终身发展奠基；教师层面：敢于追逐、专业敬业，为幼儿发展提供支持，为党育人，为国育才，培养社会主义建设者和接班人。

3. **育人目标：**会生活、敢创造、有趣味、向未来

2023年5月习近平总书记在北京育英学校考察时提出，新时代中国儿童应该是有志向、有梦想，爱学习、爱劳动，懂感恩、懂友善，敢创新、敢奋斗，德智体美劳全面发展的好儿童。

4. **园所文化：**信任、放手、赋权

5. **园训**：敢于追逐、专业、进取、创新、有为

6. **园徽**：两个手拉手的孩子一起走向未来（是从篆书"趣"中提取的元素符号）

7. **吉祥物**：芽芽、悠悠

8. **园花**：凌霄花

园内的围墙边开满了凌霄花，寓意慈母之爱、师生之情和志存高远，就像"趣"教育中提到的：行动才能圆梦，不管过程有多困难，都不要轻易放弃，要体验这个多姿多彩的成长过程。

9. **园树**：朴树

2020年，幼儿园在最醒目的位置种下了一棵朴树，希望一幼的孩子们像它一样坚韧不拔，充满希望和生机；老师们像它一样默默奉献，支持着孩子们的成长。

三、"趣"教育的实践

（一）以趣怡趣，相映成趣："趣"环境创设滋润成长

在环境创设时，始终坚持"基于儿童、为了儿童"，从孩子的兴趣出发创设环境，创设了儿童本位的游戏环境、生活环境、学习环境和运动环境，让环境真正为幼儿的发展服务。幼儿园对孩子进行了问卷调查和访谈，结合孩子的意愿将原来的硬化场地变成了草地和坡地，还增设了小河。现在的环境，不仅是孩子的游戏场，更是孩子的生活场和互动场，我们也形成了对环境的再认识：环境不仅仅是环境，更是课程的资源和生发地，还可以帮助孩子不断地积累经验。

（二）以趣启趣，以博其趣："趣"课程建构支持成长

在"趣"教育思想的引领下，建构了园本"趣"课程，通过趣学和趣教，使教学相长。幼儿园将"趣"课程总目标定为培养"会生活、敢创造、有趣味、

向未来"的幼儿，制定了"趣"课程发展分目标，同时又下设各年龄段幼儿发展目标、基础课程目标、特色探究课程目标等，形成了"趣"课程目标体系课程内容，以"趣"生活、"趣"运动、"趣"学习、"趣"游戏四个方面为纵线，以"主题式基础课程+特色探究课程"的形式展开，通过孩子的"趣"体验、"趣"探索、"趣"发现等方式，为"趣"教育思想的落地提供核心支撑。同时，关注幼儿兴趣，追随幼儿学习需求，在预设课程的基础上，重视生成活动的开展，使教学真正为幼儿的学习探究提供服务。

（三）激趣引趣，以拓其趣："趣"团队打造迸发生机

经开一幼有教职工130名，专职教师60余人，其中省、市级名师和骨干教师25人，占比41%。全体教师始终不忘初心、牢记使命，躬耕在学前教育的沃土上。在园所信任、放手、赋权的文化引领下，以"专业、进取、创新、有为"为目标，心怀高尚的师爱，认真研究儿童，不断进取，形成了高度的专业成长自觉，使爱的事业迸发出了源源不断的生机与活力。

1. 立足教育现场，描绘专业浓郁本色

坚信每一个生命有无限可能，为每一个梦想绽放提供舞台，重视过程质量，依托SEL（社会情感学习）项目、幼儿自主游戏项目等，建立"平等、信任、支持"的师幼关系，重视高质量的师幼互动，支持幼儿全面发展。

2. 专注教育科研，提升专业亮丽底色

成立教科室，建立健全的教科研制度，对课题进行步调管理、过程管理和质量管理。开园以来，教科研成果丰硕，先后有三项省级课题荣获省教科研成果一等奖，各级各类课题多达100余项；曾两次被评为郑州市教科研先进单位、郑州市教科研基地。

3. 尝试抱团发展，激发团队生机活力

认真分析教师团队特征及需求，通过成立男教师联盟、班主任工作室、体育教研组及构建师徒结对青蓝工程等多种途径，满足不同层次教师的专业成长需求，激发团队生机活力。

（四）文化引领，打造价值认同的成长共同体

1. 立德树人，牢记育人使命

全体一幼人牢记育人使命，将党建与园所业务活动相结合，通过课程建设、阵地建设，将红色教育、爱国主义教育做实、做活，打造了一支师德高尚、有家国情怀的教师队伍，使爱国的种子从小在孩子心中扎根。

2. 价值认同，上下同欲心之所向

通过园庆活动、园所 VI 系统等方式，形成价值认同，使全园上下同欲，聚焦高质量内涵式发展，砥砺前行。

3. 聚合资源，多平台辐射引领

我园联合河南省教师教育基地、河南省领航幼儿园、国培承训单位、郑州市名师工作室等多个平台，聚合资源，进一步提升内涵质量，充分发挥辐射引领作用。

办学思想是园所的气质和底蕴，创新进步始终和问题矛盾交织并存。经开一幼时刻保持思考和追问，砥砺前行在幼教追梦的道路上。

第一篇 儿童本位"趣"生活环境创设

陶行知先生曾说过:"生活即教育,一日生活皆课程。"好的生活活动能够实现幼儿园保教有机融合,从而促进幼儿身心健康、全面、和谐地发展。而生活环境作为幼儿园里的一位"无声的老师",能给予幼儿自我服务以及生活自理等方面的指导,这已然成为共识。《幼儿园教育指导纲要(试行)》指出:幼儿园应为幼儿提供健康、丰富的生活和活动环境,满足他们多方面发展的需要,使他们在快乐的童年生活中获得有益于身心发展的经验。

 在环境中看见儿童

"趣"生活环境的创设

（一）美食坊

杜威的"教育即生活"原理指出："教育是生活的过程，而不是将来生活的准备。"幼儿园应当是"生活的教育化"，要让孩子在自然的生活中，通过亲身的体验来自发地掌握教育内容。成人要给孩子们创设进行自我表现的机会和有组织地开展活动的生活场。我园的美食坊活动，不是假想活动，而是真实的生活活动，是真实的幼儿实习场，让幼儿在真实的活动情景中面对真实的任务、真实的材料，使用真实的工具主动操作，解决真实的问题，获得真实的生活经验。

（二）4D 厨房

后厨就是制造"幸福、爱的地方"，一幼的 4D 厨房带给孩子们的是干净、明亮、整洁、有序的环境，一幼的厨师们把爱注入在每一粒米和每一种食物里，保证食品的安全卫生是每一位后厨员工义不容辞的责任。从细节入手，抓日常管理，强化从业人员培训，落实索证索票、查验记录制度，严格管控原料采购、加工制作、清洗消毒和用水卫生等关键环节，定期开展食品安全自查。落实园长陪餐、食品留样、公开公示制度，加强幼儿园食品安全管理。

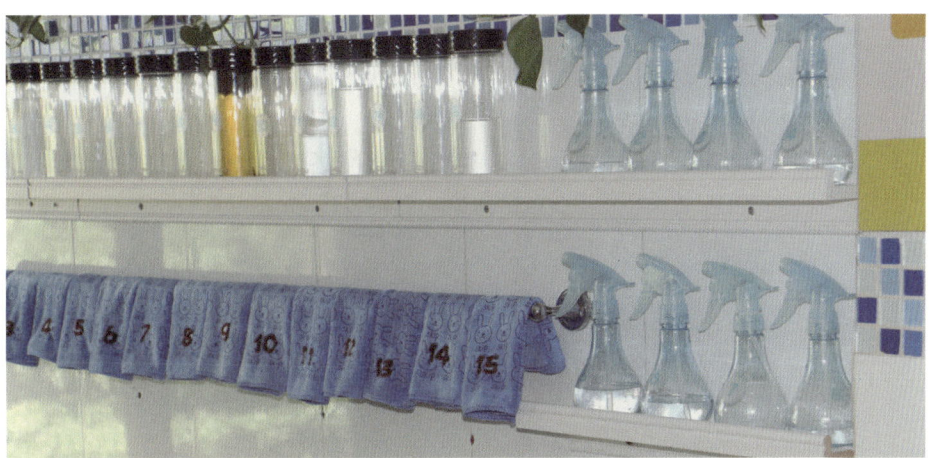

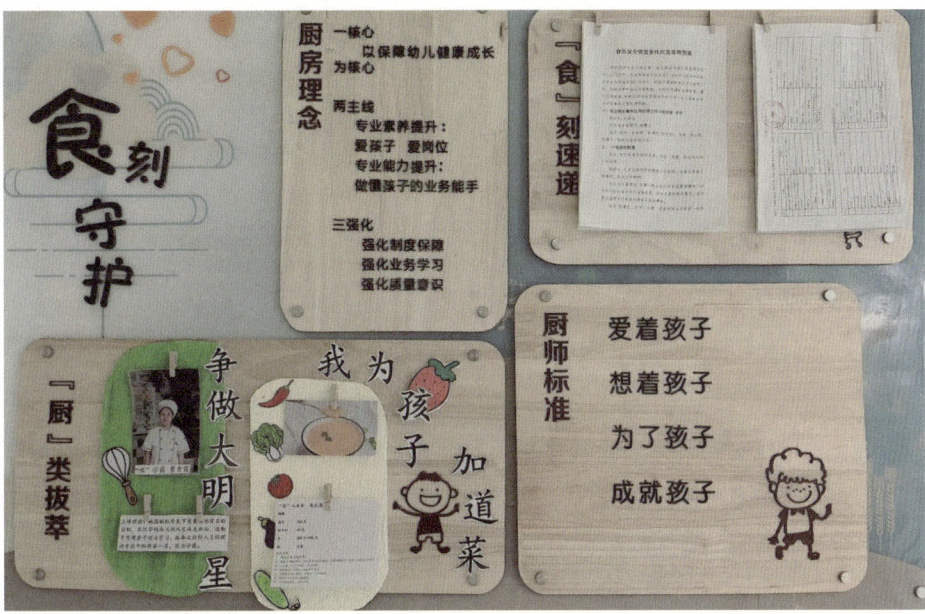

在环境中看见儿童

生活是一种教育，食物是一种生活。在这个充满幸福与爱的地方，幼儿每天都可以吃到美味、健康、营养搭配的餐点，每周都能品尝到精致、可口的自助餐。孩子们看到丰富的美食摆放在眼前，文明排队，有序夹取，自主挑选自己喜欢的食物，快乐地往返食物与餐桌之间，每个孩子都是小"美食家"，开心地与同伴分享着美食。爱在健康中成长，爱在味蕾中绽放。

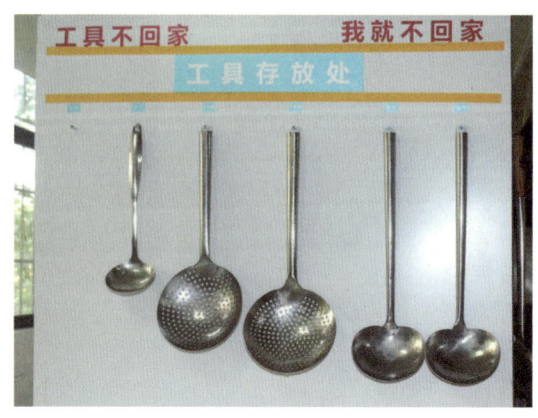

第一篇 儿童本位"趣"生活环境创设

在环境中看见儿童

（三）班级生活环境

孩子们在园生活的环境每天都在与他们发生着摩擦，给他们带去潜移默化的影响，促使他们在环境中成长发展。这些环境不是老师强加给孩子们的，也不是凭空就能想象出来的，它们是老师用专业的眼光，通过大量的观察、解读，来支持孩子的经验再现和发展生成从而形成的。看我们的大、中、小班如何打造基于游戏理念和习惯培养的生活环境。

根据小班幼儿的年龄特点，老师将生活习惯的培养暗藏在生动可爱又贴近幼儿日常生活的环境中。例如，用一面漂亮的穿衣镜，让孩子们开始观察自己的衣物有没有整理好，饭后有没有把小脸擦干净、漱口漱干净。再如，自己亲手制作的墙面提示，帮助幼儿学习如何穿衣服、脱衣服、叠衣服。小班的老师们根据孩子们的兴趣和特点，巧妙地利用环境来促进幼儿自发养成良好的生活习惯。

中班的生活环境创设则将认知融入舒适开放的生活环境，给了幼儿更多探索、互动的空间，让幼儿在宽松愉悦的环境中体验生活、享受生活。照顾植物的生长、记录每日的天气等，不但培养孩子们的责任感，更让他们开始主动关心身边的事物变化，并迁移到自己的生活中去，比如衣物的增减等。

第一篇 儿童本位"趣"生活环境创设

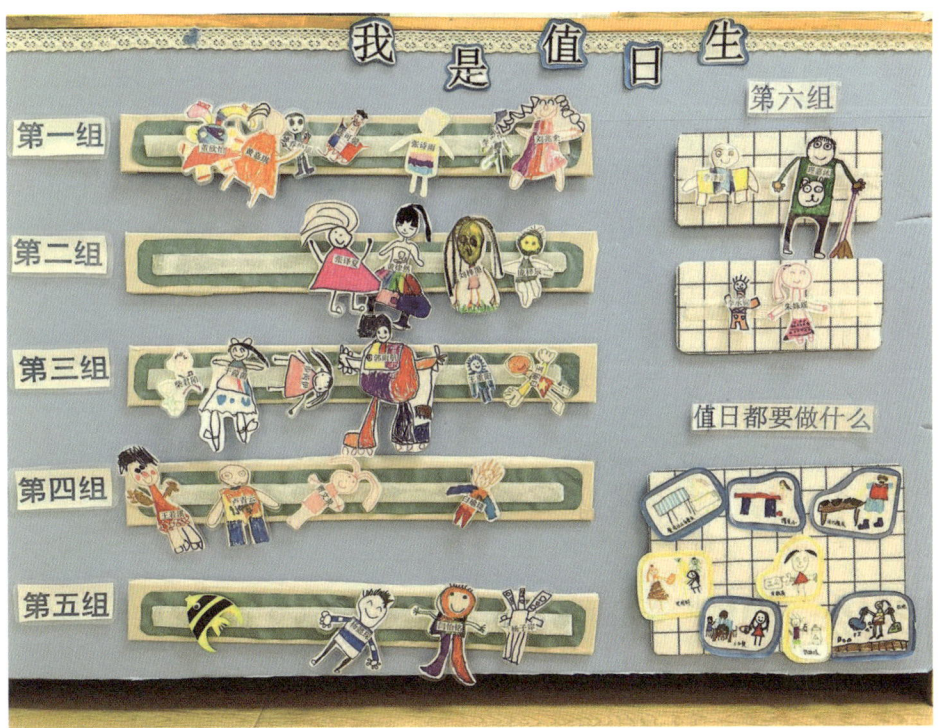

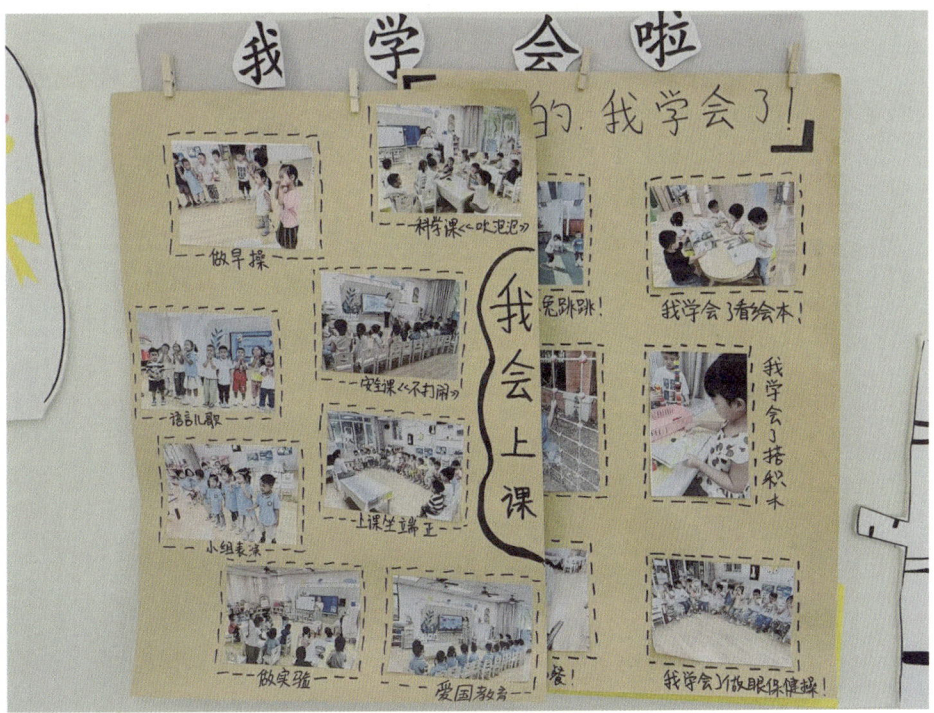

 **在环境中看见儿童**

大班幼儿处于幼小衔接的关键时期，在延续上学期环境创设中渗透的文明习惯、情绪管理、规则意识、任务意识、时间观念、社会交往等培养的基础上，环境更进一步支持着孩子们的探索和学习习惯的培养。例如，钟面分解提示从有到无，指针与数字时钟的同时运用，帮助幼儿认识时钟，真正理解时间的概念，养成守时的习惯。再如，大班的植物观察、天气预报更多的是提供各种工具支持孩子们自由地探索、实践与学习，测量、统计、计划与验证都蕴含在这些环境中。

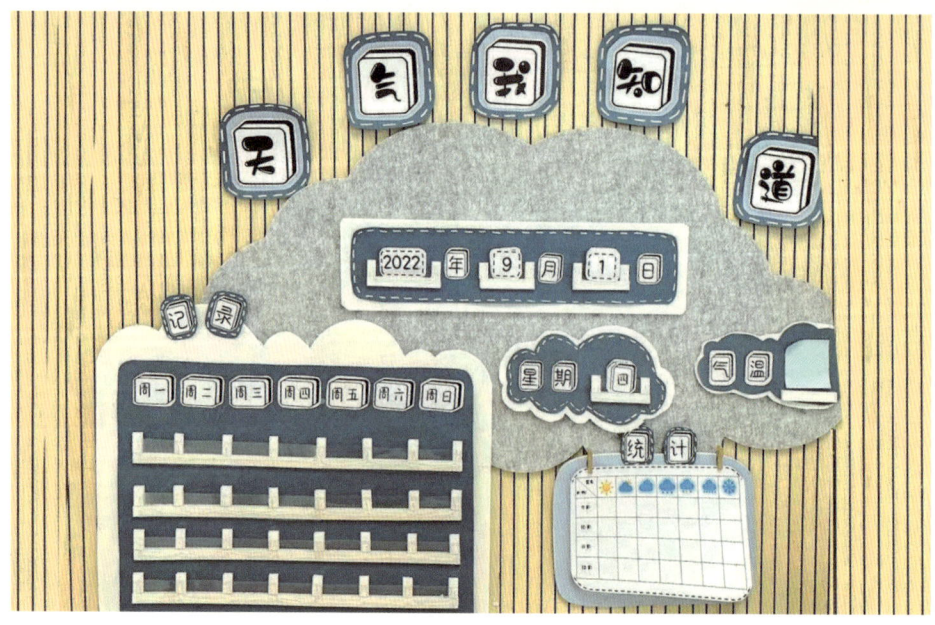

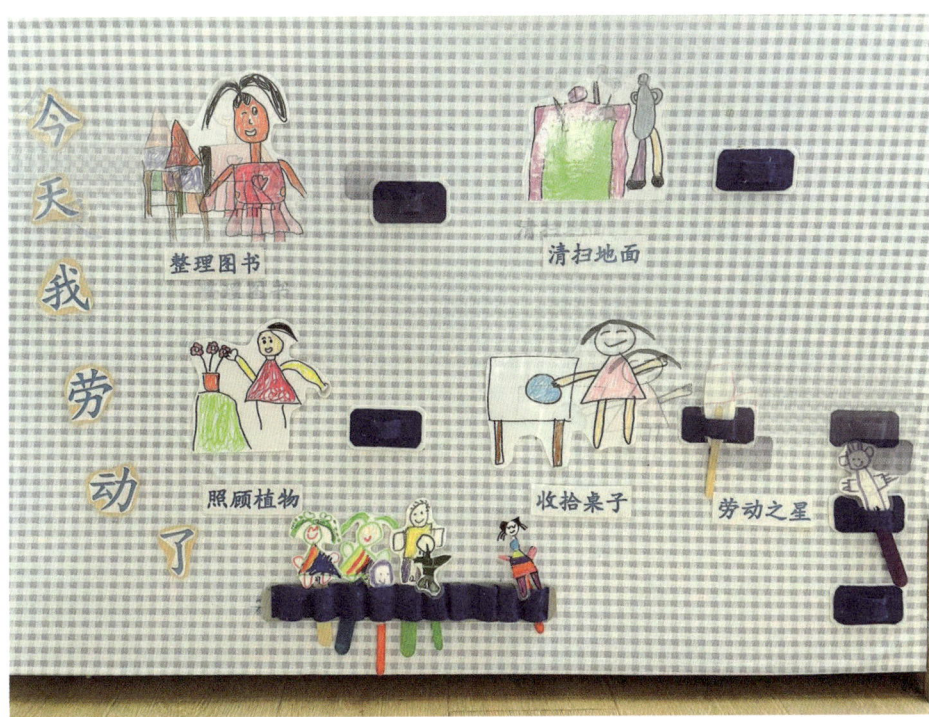

 在环境中看见儿童

如何创设"趣"生活环境

（一）倾听幼儿心声

幼儿园的生活环境创设应该立足于儿童的兴趣和需要，支持儿童的游戏和生活，要把研究儿童、理解儿童作为环境创设的重要前提条件。要避免环境创设中的成人中心和任务取向，无视儿童的需要，造成空间和材料的浪费。坚持儿童立场意味着要切实站在儿童的立场来看待环境，将环境与儿童的游戏、学习和生活联系起来，用儿童快乐、满足、着迷和不断获得新经验作为环境创设的基本标准。因此，生活环境创设需要倾听儿童的心声，观察儿童的表现，感受儿童的需要。只有这样，生活环境创设才能真正支持儿童的游戏、学习和生活。

第一篇　儿童本位"趣"生活环境创设

　　为了充分尊重幼儿的想法，满足他们的合理需要，我们从一日生活中的来园、离园、就餐、盥洗、午睡、衣帽间等环境创设对幼儿进行了访谈调查，幼儿将自己的心声通过绘画、口述的方式表达出来。有的幼儿说，来园的时候想要和老师抱抱；有的幼儿说想在户外的草地上吃饭，就像野餐一样；有的幼儿说想自己盛饭，这样就可以把饭吃完；有的幼儿说白开水不好喝，想喝甜甜的水；有的幼儿说洗手的时候想用和家里一样的超级飞侠图案的泡泡洗手液……教师通过倾听和调查幼儿的想法，为创设什么样的生活环节的环境提供了很多参考。

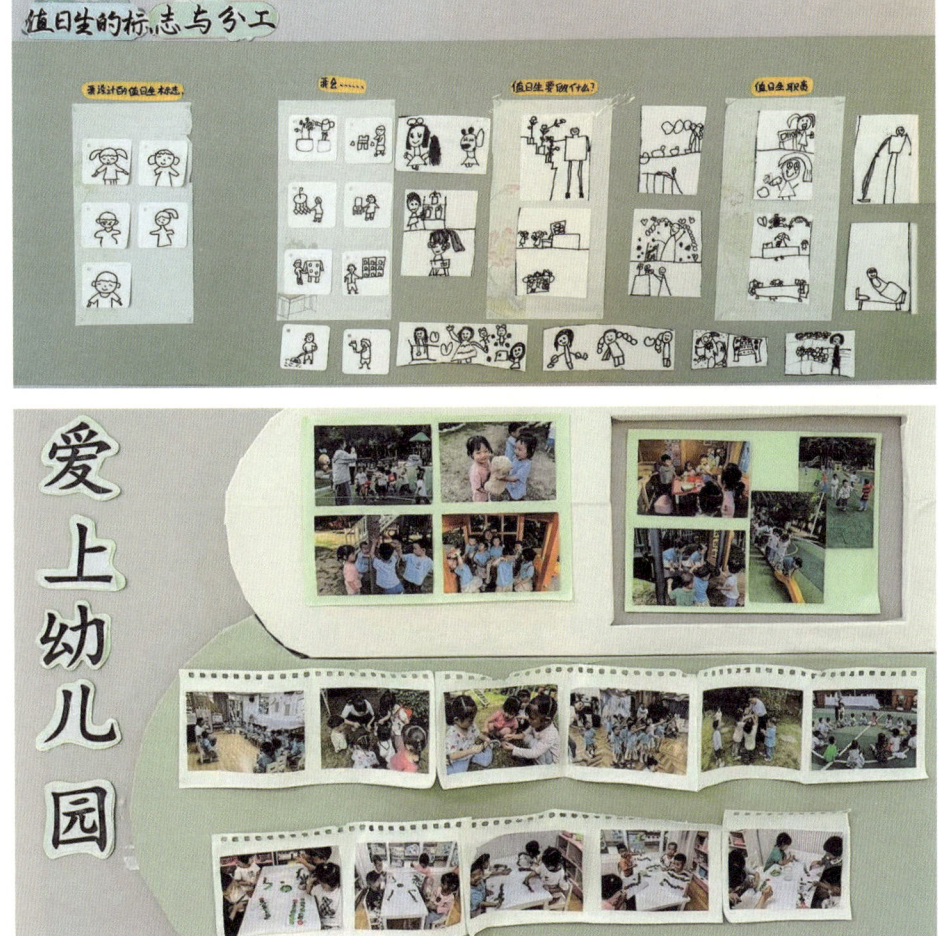

在环境中看见儿童

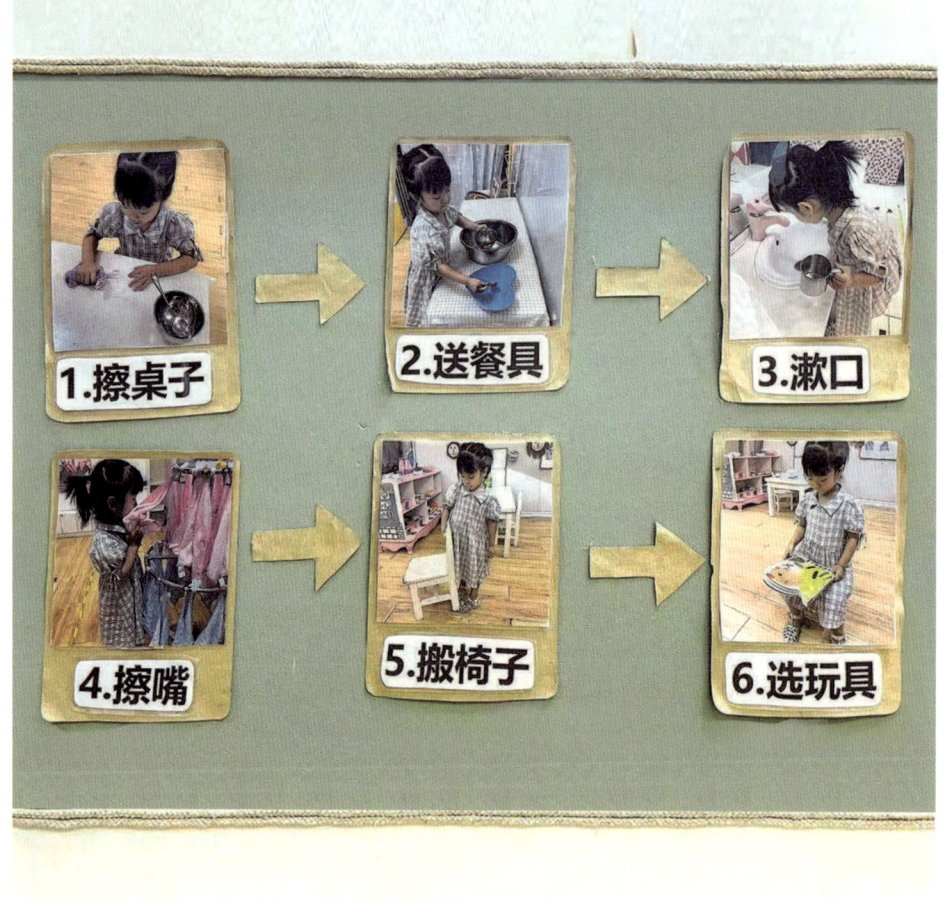

（二）回归生活，追随自然

成人追随儿童，儿童追随自然。在创设生活环境的时候，我们不仅要体现出自然的本来面目，也要考虑人类生命的早期是如何和自然相处的，要有花、草、树和人类早期探索生活的轨迹。当这些轨迹促进儿童学习发展的时候，它们不仅仅停留在满足儿童的认知需要上，还满足了儿童精神和灵性腾飞的需要。室内环境的创设应适当留白，把空间留给儿童，等待儿童一点一点地去填满。与此同时，室内环境还应多使用自然材料。

（三）重视课程与生活环境的同构

环境是课程生成的土壤，即幼儿在与环境的互动中不断生成新的学习。另外，课程也会生成新的环境。课程实施需要某种特定环境的支持，而课程开展的过程与结果也会促进环境的改变。在这个过程中，儿童的哲学思考、经验创造以及主动探索的精神也将逐渐形成与完善。

在创设生活环境的实践与研究过程中，我们也在思考："到底应提供给儿童什么样的经验？环境创设的出发点到底在哪里？""儿童视角"这一概念的引入，使我们意识到，幼儿园的生活环境创设不仅是指站在儿童的视角理解他们的想法，还需要给儿童真实的表达与创造的机会，帮助他们将想象变成现实。例如，中一班结合在雨后幼儿园发现的野生小蘑菇生成课程故事《蘑菇派对》。

在环境中看见儿童

1. 发现蘑菇

好奇是孩子们的天性。每天户外活动时，孩子们总是对小草、树木和虫子非常感兴趣。下过雨后他们又发现了一个新的生物，那就是野生小蘑菇。小脑袋碰在一起，那叫一个专注，嘴里还喋喋不休地讨论着。一起来看看吧！"哇，好可爱啊！""这个蘑菇可以吃吗？""蘑菇为什么软乎乎的？"孩子们发出阵阵感叹和疑问。

2. 有趣的蘑菇

为激发孩子们的求知欲，使他们在大胆的假设与思考中，通过观察、讨论，在实践中寻找答案，我们以"蘑菇派对"为题，根据孩子的兴趣多方面提供支持，观察生活中事物的发展与变化，开展多样化、趣味化的系列活动。

（1）蘑菇大调查

由于小朋友所认识的蘑菇种类有限，我们讨论后要先做个蘑菇大调查。我们准备了多种多样的菌类，并且做好调查表，来认识一下蘑菇家族。蘑菇家族包括我们平时食用的平菇、白玉菇、杏鲍菇、金针菇、香菇等。

（2）区分蘑菇

哪些蘑菇可以吃呢？它是什么样子的？经过一番讨论，我们知道了可以食用的蘑菇一般生长在清洁的草地或者松树、栎树上，有毒的蘑菇往往生长在阴暗潮湿的肮脏地带。有毒的蘑菇大多菌面颜色鲜艳，特别是紫色的，往往有剧毒。无毒蘑菇的菌盖较平缓，伞面平滑，菌面上无轮，下部无菌托。所以幼儿园树墩底下的蘑菇是有毒的，千万不可以食用，因为毒蘑菇含有对人体有害的毒质，吃了之后会上吐下泻，严重的可能出现幻觉，甚至有生命危险。因此在采摘时，我们一定要分清什么是毒蘑菇。

（3）"老师，我不要吃蘑菇"

虽然我们班是以蘑菇为主题展开的生成课程，但是我们发现许多幼儿还是对吃蘑菇表现出抗拒、逃避的态度，他们会偷偷把蘑菇转移到同桌的碗里或者偷偷地倒掉。为了了解幼儿对蘑菇的真实想法，再一次活动后我进行了一次谈话活动——"你们喜欢吃蘑菇吗？""不喜欢。""为什么不喜欢呢？"孩子们说："蘑菇好难闻呀，好臭。""蘑菇黑黑的，我不喜欢。""我咬它的时候，咬不动。"有的孩子不喜欢蘑菇本身的味道和它的口感，我告诉他们，蘑

菇很有营养，爱吃蘑菇的人皮肤和头发会很漂亮，还不容易生病……尽管说了一大堆的好处，孩子们依旧不爱吃。

（4）种蘑菇

"老师，这个袋子里面是什么？"为了解决孩子们不吃蘑菇的问题，我便查阅资料和逛淘宝，功夫不负有心人，我发现一款特别的东西——蘑菇种植袋。我瞬间被吸引，种蘑菇说不定能引起孩子们吃蘑菇的兴趣呢。仔细了解蘑菇养殖方法之后，我果断下单。

蘑菇袋到货后我将它们放在一进门的柜子上，虽然放在显眼的地方，但未提前告知孩子们这是什么。上完课后，莜莜便提出疑问："老师，这是什么东西？"其他孩子也跟着问是什么。"你们猜一猜可能是什么？""是轻黏土。""棉花。"Seven 说："老师，是蘑菇吗？"我说："你是怎么猜到的？"Seven 说："因为这是我妈妈买的。"（孩子妈妈是我们班的家委）怎样让蘑菇快点长出来呢？我们一起观看蘑菇的种植步骤图，一起学习蘑菇的喜好、习性、养殖方法等。

①蘑菇的习性

派派："它喜欢喝水，要每天都给它喷水，蘑菇喜欢不冷不热的天气。"

甜甜："蘑菇袋要放在有风能吹得到的地方。"

西米："蘑菇不能晒太阳。"

②安安的大发现

照顾蘑菇的第五天安安兴高采烈地说："哇！老师，蘑菇长出来了！"大家七嘴八舌："好小的蘑菇哦。""它的头是黑黑的。""它的脚是白色的。"

（5）"特级厨师"的"功成名就"

经过一个月的生长，蘑菇基本上已经长大到了可以食用的程度，这时候我就打算在班里给孩子们做两道蘑菇料理，经过向主任们和孔园长申请，他们准许我在班里当着孩子们的面给他们做一顿丰盛的蘑菇料理。

这次蘑菇料理之后，我发现孩子们变得爱吃蘑菇、不那么挑食了。当我再次问他们是否喜欢吃蘑菇及原因时，他们回答："喜欢，因为蘑菇很香。""很好吃。""有营养。""吃起来像肉一样的感觉。"

| 第一篇 儿童本位"趣"生活环境创设 |

（四）生活环境追随幼儿的发展，呈现动态变化

1. 以幼儿需求为线索，不断完善生活环境内容

我们的生活是处于不断变化之中的，幼儿也是在与环境的互动中不断成长和变化的，所以在创设班级生活环境的时候也要考虑到环境不是一成不变的，是需要追随幼儿的发展而不断变化的，这就需要班级教师根据幼儿的真实需求，对生活环境的创设做出及时的调整，只有这样，才能满足幼儿发展的需要。

例如，在小班生活习惯墙面的环境创设中，最初是结合小班幼儿年龄特点，更多的是一些生活自理能力的步骤图，以期幼儿能通过与墙面的互动来学习穿脱衣物。在实践过程中，发现班级幼儿在与环境互动的过程中自理能力得到了提高，但也发现班级幼儿普遍饮食习惯不好，存在挑食、剩饭、倒饭情况严重等问题。根据幼儿的实际情况，班级教师进行了"吃饭香香、身体棒棒"系列活动，引导幼儿了解合理饮食的重要性，并通过同幼儿讨论什么是光盘、为什么要光盘、多吃蔬菜和水果对我们的身体有哪些帮助、光盘后你想要什么样的奖励等问题，最终用幼儿喜爱的方式在班级增设一面"光盘得奖杯"的墙面环境。幼儿在餐后自主亮灯以及兑换奖杯的过程中，通过与墙面环境的互动以及激励，良好的饮食习惯也在慢慢地养成。

例如，大班值日生板块的生活环境创设。幼儿依据中班时期做值日生的经验，商讨、总结出值日生的工作内容、值日生岗位轮换制度，并用绘画的方式表征出来，并在老师的帮助下呈现在班级墙面环境上。然而幼儿在做值日生的实践过程中发现了新的问题：值日生脱岗了。教师抓住契机，引导幼儿讨论值日生脱岗的原因，如来晚了、忘了自己是值日生、在盥洗室玩水忘了值日……同时商讨出解决的办法，如定闹钟、早睡早起就不会迟到、看看星星在谁的进区标志卡上谁就是值日生、其他小朋友提醒玩水的值日生该值日了……幼儿将自己的想法和观点用绘画的方式表征出来，来完善值日生板块内容。

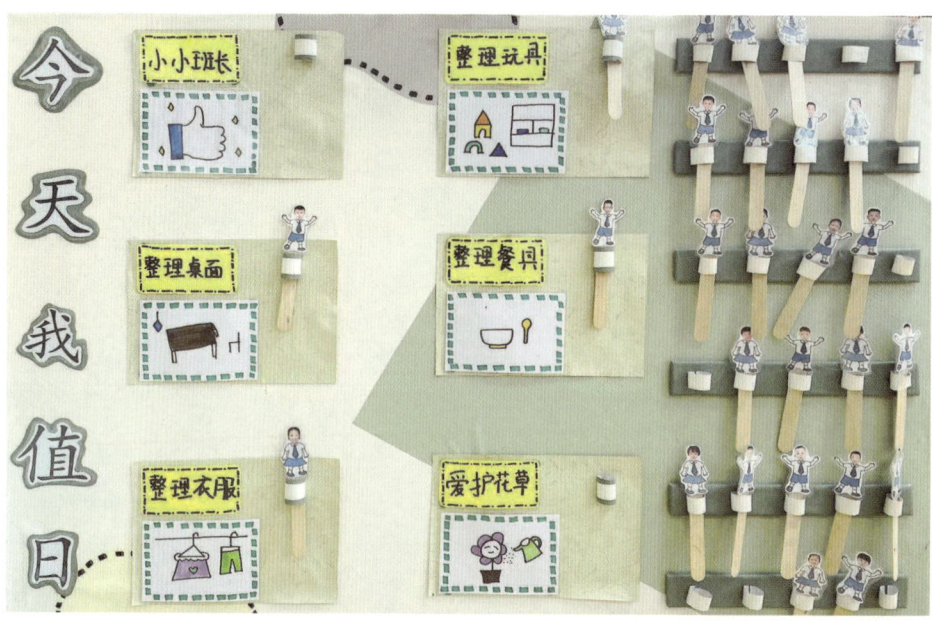

2. 注重幼儿的参与体验，激发幼儿主动对环境做出调整

除了结合幼儿需求完善生活环境之外，在开展实践活动的过程中，我们也可以发掘一些幼儿感兴趣的内容，以此来激发幼儿主动对环境做出调整。

仍以大班值日生墙面环境为例。经过前期做值日生经验的积累，以及幼儿自我能力的提升，幼儿对值日生活动有了更强烈的意愿。同时幼儿也对值日的内容有了更多的想法，不再满足于分发餐具、整理卫生等简单的劳动，期望可以尝试盛饭。通过讨论后教师就让幼儿开始了实践，先从进餐环节入手，按学号轮流做进餐环节的值日生，帮助全班幼儿盛饭，早中晚三餐轮换进行，体验值日和劳动的过程。随着新的值日内容的增加，幼儿在值日时也遇到了不同的问题；在值日结束后，幼儿通过画笔将自己的问题和感受以图画的方式记录下来，并讲述给同伴。关于遇到的问题，小伙伴们一起进行讨论，找到解决问题的方法，并用绘画的方式表征出来，随之教师和幼儿共同对值日生墙面环境进行了调整。幼儿在真实的劳动活动中，通过亲身的实践—发现问题—反思行为—总结经验—调整策略—再探索—收获智慧。在此过程中，不仅使幼儿收获了做好值日生的相关经验，同时把幼儿的真实体验融入创设生活化环境的过程中，更能够激发幼儿参与兴趣，使其能切身地感受到成功的喜悦。除此之外，这也是培养幼儿责任意识行之有效的方法。

在环境中看见儿童

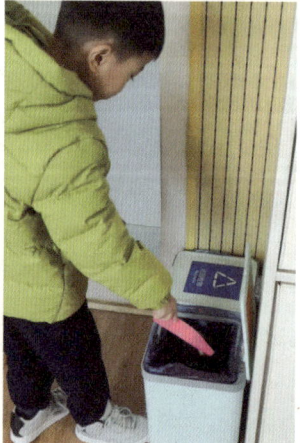

| 第一篇 儿童本位"趣"生活环境创设 |

家园配合，助力幼儿"趣"生活

（一）成立家委会、伙委会

幼儿园成立家委会、伙委会，让家长定期到幼儿园对幼儿饭菜、餐点等进行品尝，参观厨房了解所用食材等。设立家长陪餐制度，每周小、中、大班级分别邀请2—3名家长进行陪餐，直观了解幼儿的一日三餐情况。这些活动拉近了家、园之间的距离，不仅让家长们深入了解了幼儿园的各项重要工作安排，同时也鼓励家长们积极地参与相关工作，为幼儿园发展献计献策，成为家长与幼儿园沟通的有效桥梁，对进一步加强家园合作起到了良好的推进作用，也为共同教育好孩子们奠定了坚实的基础，使幼儿园家长工作更具实效性和可持续性，切实发挥了家园合作的重要作用。

在环境中看见儿童

（二）家长资源管理

1. 人力资源管理

（1）建立家长资源档案

我们根据活动需要和资源特点，对获取的资源进行了整理、归类，以文本方式记录下来，形成了家长资源档案，以便教师在活动中及时联系、使用，获取所需的资源。如：调查了解擅长炊事的家长，建立档案（如有的家长擅长制作面点，有的家长擅长制作西点，有的家长会包粽子、做青团子等）。这些档案的建立，便于做到人力资源的共享。当几个班级进行同一个炊事活动时，就邀请这些家长参与到活动中来，或示范做法，或在小组中指导幼儿。每次邀请前，我们都提前预约，了解家长的意愿并准备工具、材料，同时我们也把我园炊事活动的具体要求以及该次活动的重点告诉家长，和家长一起把活动方案做好。

（2）组建家长志愿岗

对于一些热心、平时又比较有空闲时间而且对幼儿炊事感兴趣的家长，我们主动将他们吸纳到家长志愿岗，定时定点让他们参与到炊事活动中来。在志愿者家长参与前，我们对他们进行简单培训，让他们了解幼儿学习的特点、什么时候可以干预幼儿的操作等等。这样不仅让家长们了解了幼儿园丰富的课程，还让他们参与教育，学习指导幼儿的方法。如在大班"制作重阳糕"活动中，我们邀请孩子们的爷爷奶奶来过重阳节，通过现场和幼儿共同制作重阳糕，把过节的经历和对节日的认识传递给幼儿。对于这些志愿者的管理，我们根据活动开展的情况，在学期结束时为他们颁发优秀家长的奖状，以资鼓励。

（3）巧用家长人脉

在人力资源方面，通过家长可以更容易引进多方面的专业人员。如在小班"制作蛋糕"活动中，家长请蛋糕制作师来园当场制作蛋糕，让幼儿观摩了蛋糕制作的过程，并尝试在蛋糕上装饰水果。另外，通过家长资源获得参观访问社区场所的机会，如带幼儿参观肯德基快餐店等。家长为炊事活动的开展提供了有力的资源保证。在利用家长人脉时，教师在学期初的家长会上向家长说明本学期需要的资源，让热心家长提供线索，教师收集整理并汇总，根据需要及时与家长联系。

2. 物质资源管理

家长可提供的物质资源是多方面的。如：在小班"水果沙拉"活动中家长为幼儿准备水果，在中班"南瓜饼"活动中，家长协助带生南瓜以及收集各种南瓜食品。

（三）社区资源管理

1. 制定社区资源手册

社区资源的利用是为幼儿的活动服务的。我们根据不同年龄阶段的目标，有目的、有意识地寻找社区资源。如在大班"挖野菜"的活动中，要寻找到野菜并用工具挖出。由于野菜生长环境特殊，教师和幼儿一起筛选社区资源，有小区的绿化区、幼儿园大型玩具区、社区公园（幼儿园隔壁）等，最终大家一致选择社区公园。教师带着幼儿到公园草地上寻找野菜，用工具挖出野菜后回园分类、清洗、烹饪。后来为了满足幼儿的需要，我们还邀请了农校专家为幼儿介绍野菜，解答有关野菜的问题。

2. 注重社区资源的层次性

我们从幼儿熟悉的社会机构和场所入手，将社会资源按幼儿年龄特点以及开展的活动进行分类。如小班参观蛋糕店、水果店，逛逛超市等，中班参观菜市场、点心店，大班参观麦当劳、美食广场、比萨店等，幼儿生活的范围由小到大，生活经验由少变多。幼儿逐步深入地接触生活、接触社会，不断积累社会经验，丰富相应的社会情感。

"趣"生活环境创设的思考

（一）生活环境的创设更加满足幼儿的真实需求

在创设"趣"生活环境过程中，我们发现优秀的幼儿园班级生活环境创设的内容应以尊重幼儿的需求为前提，以追随幼儿的探索进行动态完善和调整为过程，以支持幼儿的深度探索和发展为目的和归宿。遵循以上原则创设的生活环境，可以助力幼儿在能力以及思维品质上走得更高、更远。

（二）生活环境中更能凸显儿童的主体性

真正有价值的幼儿园环境创设，应该是源于幼儿、回归幼儿，既体现环境的教育价值，又能够真正促进幼儿的发展。基于儿童本位的生活环境创设，主张幼儿是环境的主导。在实践班级的生活环境创设过程中，教师引导幼儿通过适宜的方式表达自己的真实想法，鼓励幼儿参加环境创设，站在幼儿的立场去了解他们的需求、体会他们的感受，思考生活环境创设的策略。在这样的理念引领下，班级呈现出的环境到处能够体现幼儿参与探索的过程与痕迹，儿童本位的生活环境也更加生动和优质。

（三）教师观察幼儿行为的意识得到了提升

意大利教育家蒙台梭利说过："唯有通过观察和分析，才能真正了解孩子的内在需要和个别差异，以决定如何协调环境。"幼儿是班级环境创设的主体和使用者，环境更应该是幼儿喜爱和积极投入的，这就需要教师有一双善于观察与发现的眼睛，根据幼儿在生活活动方面存在的一些情况，在"观察—分析—调整—再观察—再分析调整"的过程中，跟随幼儿的需要随时调整环境，并获得专业的成长。在这个过程中，教师不仅对幼儿生活活动的观察更细致了，在其他活动中对幼儿的表现进行观察的意识也得到了提升，从而更加地了解幼儿，真正为幼儿的发展去思考和跟进。

第二篇 儿童本位"趣"游戏环境创设

游戏是幼儿的基本活动，著名的教育家陈鹤琴曾说过，"小孩生来是好动的，是以游戏为生命的"，游戏是陪伴着孩子童年的忠实伙伴。幼儿园游戏环境创设与实践是幼儿教育的重要组成部分，其目的在于充分满足幼儿的成长需求，提供有趣、有爱、安全、丰富和刺激的游戏环境，促进幼儿身心健康发展。

| 第二篇　儿童本位"趣"游戏环境创设 |

一

"趣"游戏环境创设的意义和作用

游戏是幼儿园的基本活动，也是幼儿探索世界、培养综合能力的重要路径。环境对幼儿发展起着隐性教育的作用，趣味性的学习环境能快速激活幼儿的游戏兴趣，调动其主观能动性，让幼儿快速地走进活动中，对其思维发展及能力提升起着非常积极的作用。教师是环境的重要创设者，也是幼儿园精神环境的重要组成部分，他们对环境的思考，深深影响着班级环境创设中是否能够体现"儿童视角"，是否能够聚焦有质量的教育环境。基于对《3—6岁儿童学习与发展指南》和《幼儿园保育教育质量评估指南》的学习与实践，优化"趣"游戏环境创设与材料投放，支持幼儿深度学习与探究，幼儿园一直在行动中！

在环境中看见儿童

"趣"游戏环境组织与实施

（一）区角游戏

1. 区角设置

在幼儿园游戏环境创设过程中，划分游戏区域，是让游戏活动贴合幼儿成长规律的有效策略之一。划分游戏区域，可以根据幼儿教育目标的不同，将游戏区域划分为阅读区、美工区、科学区、数学区、运动区、生活区等。

| 第二篇　儿童本位"趣"游戏环境创设 |

　　比如，就美工区来说，幼儿教师在该区域内放置彩泥、画笔、画板、积木、胶水、剪刀等相关游戏材料，让幼儿根据个人创意创作喜爱的主题类作品，激发创作灵感，锻炼动手能力，培养高级审美；就科学区来说，教师在此类游戏区域中放置游戏棋、魔方、拼图、七巧板等，利用游戏的规则性锻炼幼儿的手眼协调能力和思考能力，培养大脑思维，同时也投放了各种科学材料，通过直接感知、亲身体验和实际操作让幼儿发现科学现象；就数学区来说，教师结合

 **在环境中看见儿童**

课程需要和层次安排，不断投放便于幼儿操作的材料和记录单；就运动区来说，教师在此区域放置球类、跳绳类、障碍物等游戏材料，让幼儿以个人为单位，能小范围地进行运动游戏，满足幼儿的运动需求。划分出满足不同年龄阶段、不同性格喜好小朋友的游戏区域，顺应幼儿的身心发展规律。

在环境中看见儿童

2. 室内区角环境与材料

"环境是重要的教育资源，通过环境的创设和利用，有效促进幼儿的发展"，让幼儿真正在与环境的互动中成长，让环境与幼儿对话、与家长对话，发挥环境"第三位教师"的作用。在幼儿园游戏环境创设过程中慎重选择游戏投放材料，是满足游戏活动需求、落实游戏环境功能的有效策略之一。我们在创设区角环境和投放区角材料时遵循以下原则：第一，满足有效性，让材料与游戏主题相符合。幼儿在游戏过程中会不断地摆弄、探索、观察玩具，以此获得全新的成长体验，通过幼儿教师的讲解从游戏和材料中获得游戏常识。因此，材料满足有效性是材料投放的重心。第二，满足多功能性。幼儿教师在选择游戏材料时，选择可塑性强的游戏材料，如彩泥、积木、太空沙等，可以满足各种游戏主题的需求。第三，满足选择性。游戏是一种以幼儿意志为主题的活动，不同的孩子有着属于自己的独特需求。

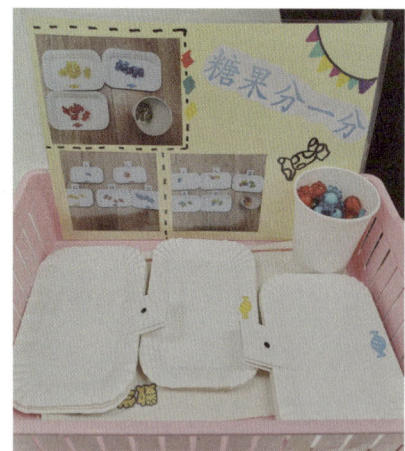

第二篇 儿童本位"趣"游戏环境创设

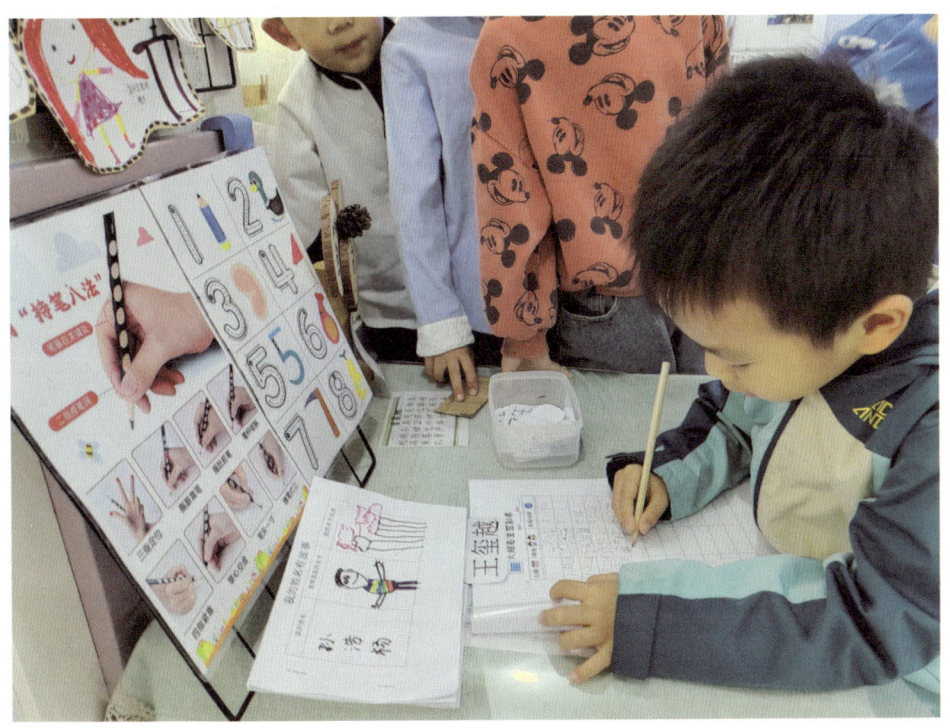

　　如果说游戏是幼儿的天性，那么玩教具就是承载着幼儿认识世界、建立认知的物质基础。《3—6岁儿童学习与发展指南》中明确指出："要珍视游戏和生活的独特价值，创设丰富的教育环境，合理安排一日生活，最大限度地支持和满足幼儿通过直接感知、实际操作和亲身体验获取经验的需要。"自制玩教具既是教师专业能力水平的体现，也是幼儿园打造"会说话"教育环境的重要方式。

　　一个好的游戏就是一场有意义的学习，如何让幼儿通过游戏乐在"玩"中、学在"其"中，我们从"转身"开始，让"观察"成为了解儿童的起点，将"儿童需要和兴趣"与"玩具及游戏活动"关联起来，帮助幼儿掌握和理解玩具中蕴含的概念，鼓励幼儿的创新玩法，使其成为丰富儿童经验、深化儿童学习道路上的有力"工具"。

　　在实录型游戏中，教师能在了解幼儿已有经验和游戏兴趣的基础上，为幼儿提供适宜的环境和丰富的游戏材料，鼓励幼儿根据自己的意愿自主参与游戏活动。立足幼儿真实的游戏情境，巧妙依据不同游戏类型，视频记录幼儿游戏发展水平。游戏过程中老师们认真聆听和理解幼儿的游戏语言，及时发现幼儿新的游戏兴趣点。幼儿能够与环境、材料、同伴积极互动，体现出好奇、专注、探究、合作等良好的品质；教师能关注幼儿的游戏体验，适宜地回应与支持幼儿的游戏行为，激发幼儿进一步游戏的欲望。

教师们发挥各自的奇思妙想，结合本班幼儿的年龄和认知特点，针对游戏活动的开放性、趣味性等特点，巧妙地构思，将常见的生活材料变成珍宝，精心制作出一件件新颖独特、富有教育意义的玩教具，以及各种具有美感和实用价值的玩教具。让我们一起来看看吧！

夹子是生活中常见的物品，孩子们在生活中能经常接触和使用到，如夹衣服的木夹、塑料夹，夹照片、明信片的卡通夹等。但配合辅助材料一起使用，普通的夹子游戏也能够引发幼儿丰富的想象力和创造力，锻炼他们的动手、动脑能力。最简单的材料在孩子们的手中被自由使用，创造出新的玩法，夹子也变得不那么普通了，百变又充满了乐趣，"百变夹夹乐"的名字由此而来。

"瓶盖趣多多"一系列作品由18个子作品组成,主要涉及益智、数学、语言、艺术等方面,适合4—6岁幼儿在集体教育和区域活动中操作。一系列玩教具下的各个子玩具实现了领域之间的相互渗透,能使幼儿在操作的过程中实现手、眼、口、脑并用,玩教合一,在满足幼儿好奇心的同时培养幼儿的综合能力。

竹子在我国的很多地区都有分布,非常容易取材。"竹趣"由水车竹筏、竹棋、套竹圈、滚滚乐、竹蜻蜓、竹水枪、高跷、拼拼乐八部分组成。它不仅能让幼儿在玩耍过程中锻炼动手动脑能力,提高手眼协调能力,发展逻辑思维和创造性思维,还能使其接受传统竹文化的熏陶,激发热爱科学的兴趣。

在环境中看见儿童

　　传统游戏具有悠久的历史，是传统文化的传承。如今在幼儿园进行传统游戏依然能够吸引幼儿浓厚的兴趣。在一次和孩子们进行跳格子游戏的时候，孩子们对单一的跳格子很快就失去了兴趣。怎样让它的层次性更丰富呢？在深入思考、搜集材料之后，结合传统文化"十二生肖"，通过掷骰子、跳格子、框式学习纽扣拉链、数学问题挑战解答等，我们设计了这款多维度、多层次，具有丰富内涵的"玩转十二生肖"。

（二）户外游戏

1. 户外游戏设置

自主游戏指幼儿自由表达意志、独立做出决定、自行推进游戏进程的活动。这需要我们为孩子提供基本的游戏场地，创设基本的游戏环境来保障"自主"。幼儿园结合五大领域，加入角色游戏、科学探究游戏、建构游戏等，使户外游戏更加多样。目前我园户外游戏场地焕然一新，设置了以下几个游戏活动区：

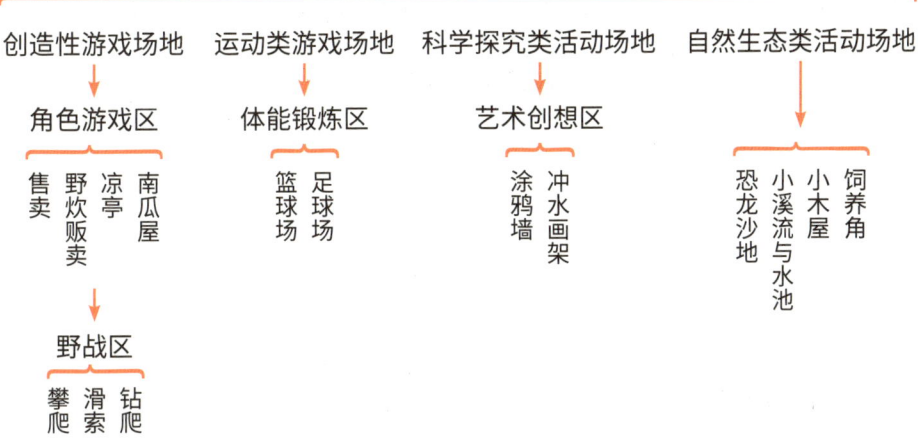

2. 户外环境与材料

户外自主游戏中，教师尊重幼儿的天性，尊重幼儿的自主选择、多元表现，为孩子提供支持性的游戏环境，这是经开一幼户外自主游戏活动的亮点，也是幼儿快乐的源泉。

在环境中看见儿童

　　本土材料：在经开一幼，随处可见的一花、一草、一木，皆是幼儿游戏的道具，成了游戏的一部分。孩子们可以将低结构的自然物一物多玩、一物多用，野趣十足。树叶可以是烧烤串，可以是吹泡泡的工具，可以是烧菜的食材，还可以穿成舞台帘幕。

　　活游戏：幼儿园户外环境规划需要兼顾体能运动和游戏学习功能，围绕体能和游戏两大主要功能，对户外场地进行区域分割，分别有篮球场、手球场、攀爬区、玩沙区、戏水区、挑战区、涂鸦墙、角色游戏区（南瓜屋、阁楼）、饲养角等，同时为了提升幼儿攀登能力，幼儿园利用大树增添了绳子和梯子，满足各年龄班幼儿户外游戏的需求，在户外场地打破界限的基础上，进一步开放游戏空间，让其随着孩子们的需要灵活地延展，让每个角落都成为孩子自主游戏的空间。整合、延展以及自然资源的利用，不再把孩子"圈"在一个范围内做"规定"的游戏，而是更好地实现了资源共享，并为孩子们提供了更多流动、交互、融合的可能。

在环境中看见儿童

第二篇　儿童本位"趣"游戏环境创设

在环境中看见儿童

游戏是幼儿借助对现实生活的认知、理解，在假想的情景中模仿与再造的实践活动。户外自主性区域摊位游戏是幼儿自主的、多样化的游戏活动方式，是通过和游戏材料互动自发进行的无意性学习。教师根据幼儿游戏发展水平充分挖掘幼儿园内有限的资源，利用结构简单、功能多元、操作性强又具有挑战性的低结构材料，为幼儿量身打造了多个创意十足的户外游戏，来激发幼儿的游戏兴趣，促进幼儿游戏发展水平。瑞士心理学家皮亚杰也曾指出儿童的智慧源于操作，即儿童是在操作、摆弄材料的过程中建构自己的认知结构的，因此幼儿在与材料互动的过程中，通过操作材料实现其娱乐功能的同时实现了其教育功能。在这一过程中，教师创设了能吸引幼儿、引导幼儿、支持幼儿活动的区域环境，采取不同的有效策略，使环境布置、材料等蕴含的教育因素发挥作用，让幼儿充分活动，更好地促进幼儿的发展。

户外体育游戏是幼儿在一日生活中较为重要的一个环节，是为了增强幼儿体质，提高幼儿身体素质，培养幼儿走、跑、跳、钻、爬等技能的有效活动。

益智类游戏是一种规则游戏，同样是幼儿日常生活中必不可少的一项游戏活动。益智类游戏能够激发幼儿学习的积极性，让幼儿在游戏中提高智力和动手操作能力，促进其良好思维的发展。

在环境中看见儿童

鉴于幼儿户外游戏活动及益智类区域游戏内容丰富、形式多样的特点，我们利用废旧地垫设计了一种能够在户外和区域游戏内进行游戏的自制玩教具——百变游戏棋。

幼儿的一百种语言需要教师的一百零一次看见。在经开一幼的各个角落，也处处可见孩子们用自己的方式记录下的"趣事"。在每次游戏后，老师们利用马赛克法，提供便利贴、笔、录音设备、绘画材料等，让幼儿通过涂鸦、动作、照片、表演、语言等多种方式来表征自己在游戏中的所见与发现、所思与所想。幼儿表征作为一种有意义的语言，是幼儿思维的主要载体，教师的一对一倾听与记录，不仅仅是记下了孩子们的成长发现，更是助推了孩子们的有意义学习。

3. 公共区域环境与材料

幼儿园构建属于儿童的公共区域环境。首先，从空间上进行调整。合理调整材料柜和操作台的摆放位置，把原来的桌面操作扩大到地面和墙面操作，减少了局限性，使活动空间更为宽敞，同时能够满足孩子安静做游戏或者分组探索的需求。

其次，充分发挥公共区域墙面的教育作用。老师们结合孩子们的生活经验以及本土资源，充分利用中原福塔、玉米楼、二七纪念塔等富有地方特色的建筑创设墙面，将幼儿的设计方案、活动计划呈现在环境中，让幼儿的想法、愿望和学习轨迹能被看得见。同时科学提供游戏材料，满足不同年龄层次幼儿的游戏需求。老师们收集了很多低结构材料，并将材料根据操作难度进行细化，便于幼儿根据自己的兴趣和能力逐级挑战，不断学习。

建构游戏和拼插游戏一直是幼儿比较喜欢的游戏活动，幼儿可以根据自己的想法自由选择材料进行搭建，可以通过拼接、镶嵌、平铺、垒高、黏合、自由组合等多种形式进行探索，根据自己已有经验进行大胆创想，随意组合各种造型。在建构游戏里，孩子们都变身为小小建筑师，他们发挥着想象力自由拼搭。

建构区多样的玩具材料有助于幼儿将抽象的数理概念直观化，使幼儿在探究操作中积累起有关数字、量形、时空、创造和审美等方面的直接经验。

实心积木数量配备要充足，满足3—6名儿童同时游戏的需求。要有计划地投放辅助材料及搭建示例图片，并随教育活动定期更换。

桌面有主题的高结构硬体积木适合小班幼儿，无主题的低结构几何形积木更有助于中大班幼儿创造力的培养。

各年龄班插装玩具要保证种类齐全，数量充足，做到有序更换。所投放的各类结构玩具要配备使用图示、图解，以及教师或幼儿的搭建作品、图照。

在环境中看见儿童

（三）相关案例

中二班自主游戏活动——滚筒乐

1. 活动缘起

在做户外游戏的时候，中二班的孩子们来到了长廊和小山坡。在拐角处，以奕辰、轩轩为首的小男生们选择了白色滚筒器械进行游戏。

——我们搭一个"小蜜蜂的家"吧？

——什么"小蜜蜂的家"？

——我知道，上次老师帮我们一起做的那个，把这个滚筒堆在一起就行了。

——好吧！我们一起来搭吧！

其实，孩子们之所以会想到小蜜蜂的家，是因为那段时间我们在做班级吉祥物的选择——蜜蜂。孩子们在各种活动中对蜜蜂有了了解，并提出了疑问：蜜蜂住在蜂巢里，我们用什么材料做蜂巢呢？这也就和此次孩子们的突发奇想联系了起来。

《3—6岁儿童学习与发展指南》中指出："幼儿科学学习的核心是激发探究兴趣，体验探究过程，发展初步的探究能力。"幼儿对生活中的一切都有着强烈的好奇心，对周围任何新鲜事物都有着极强的探究欲望。正是基于这一点，中二班的孩子们在与材料的碰撞之中无意间发现了科学的奇妙之处。

2. 活动目标

第一，在玩中了解滚筒的结构和功能特征。

第二，探索、发现各种不同类型的游戏器械。

第三，能够在游戏中发现问题并积极思考解决方法。

近段时间，围绕课程化游戏精神，根据课程实施的需要，我们优化了户外自主游戏场地和项目，充分营造课程游戏化的物化情境。同时为幼儿增设各种不同类型的游戏器械，供孩子探索、发现。

3. 活动脉络

4. 活动掠影

（1）第一阶段

①游戏实录

起初，孩子们对几种不同型号的滚筒只是感到好奇，他们尝试钻进去、爬上去、前进或后退，但是渐渐地他们不满足于这种简单的游戏方式，组合起来似乎更为有趣，然后孩子们开始尝试起来。他们首先将三个滚筒放在连廊的侧门出口处铺好，然后将另外一个滚筒放在第一层滚筒上，"嘿呦嘿呦……啊啊啊……"小伙伴们一起使劲搬着滚筒的一边，但是滚筒纹丝不动。

滚筒可以平移，但是无法抬起来，游戏小组把目光转向了老师。

在环境中看见儿童

——老师，你能不能帮我们把这个抬上去，这个太重了，我们想造一个"小蜜蜂的家"。

——我觉得你们可以再尝试其他的方法，通过自己的努力会更有成就感哦。

第一次尝试：在老师的鼓励下，几个孩子进行尝试，这次他们一起喊起了口号，"一二三、一二三……"。可惜，滚筒立不起来。第二次尝试：是不是我们人太少了呢？很快，滚筒游戏小组开始邀请更多的孩子加入"搬运"工作中，他们像是使出了吃奶的力气，咬着牙、扬着脖子、涨着通红的小脸向上抬，这次滚筒稍微翘起来一点，但是孩子们已经没有力气抬得更高了。

面对接连失败，游戏小分队逐渐瓦解，孩子们都放弃了这种搭建方式，开始继续进行钻、爬的简单游戏动作。看到身边的小伙伴慢慢散去，身为游戏发起者之一的桐桐小朋友，垂头丧气地坐在半坡上，望着眼前的滚筒出神……这样的情绪一直持续到了回班级后的游戏分享环节。

②支持跟进

我们要善于发现幼儿感兴趣的事物和偶发事件中所隐含的教育价值，把握时机，及时以适当的方式引导。针对本次游戏活动的观察，我在幼儿遇到困难寻求帮助时并没有立即去协助幼儿，而是进行了自我追问和反思，并将问题抛给了孩子。在幼儿后期游戏低水平重复以及由于不能解决问题产生消极情绪时，我意识到这是一次很好的教育契机，通过引导帮助幼儿解决困难。在游戏进行过程中，我便提供了支持。

在游戏后的分享环节,我将这一观察以图片、视频的形式分享给了全班幼儿。在幼儿自行讲述游戏过程后,教师聚焦师幼互动八句话,将问题抛给现场所有幼儿。

在随后的表征时间,幼儿将自己的想法用绘画的形式进行记录,设计自己对于游戏的构想。

在环境中看见儿童

(2) 第二阶段

①游戏实录

在下午的游戏活动时间，幼儿又执着于早上没有成功的蜂巢。在材料运送、小组会议的加持下，按照原先的计划，孩子们开启了第二次游戏尝试。

在游戏中，幼儿的操作趋于成功，游戏小组对第三种方法进行了多次尝试。在桐桐的提议下，在原先的木板旁边加了一块板，孩子们又将滚筒向上推，可惜在快要推上去的时候又倾斜滚落。

——这个板子歪了，就不平了，放平了试试。

——还有就是我们推的时候能不能把滚筒放在这个中间，这样推的时候就不会歪而掉下去了。

在同伴的提示下,孩子们把木板平整摆齐,随后将滚筒放在中间向上推。这次终于成功了。随后他们还如法炮制,将另外一个滚筒推了上来。蜂巢完成啦!孩子们沉浸在亲身体验、自主操作的愉悦之中,尽情地游戏。

好景不长,上层滚筒下坠散开。看着精心搭建的"小蜜蜂之家"坍塌,孩子们抓紧时间在滚筒边加了一个房子式的架子,并重新搭建。

搭建好了没多久,又开始倒塌,重复了两次操作的奕岐开始落下了眼泪。

教师:或许你可以观察一下再进行尝试。

②支持跟进

回到班级后的分享环节,幼儿也针对这个问题进行了分析。随后,我提出可以寻找类似的替代物进行尝试,最后他们得出结论——需要提供更多、更重的物品才能固定住滚筒。同时孩子们还约定,每次只能有8人在"小蜜蜂之家"游戏。在第二次游戏的整个过程中,我依然秉承追随幼儿脚步的理念,在旁观幼儿游戏的同时,关注幼儿的每一个小发现和亮点,以引发幼儿深度思考,激发幼儿自主探究的兴趣,并促进其亲身探究,在下一阶段将针对实验进行具体操作。

(3) 第三阶段

①游戏实录

"纸上得来终觉浅，绝知此事要躬行。"由于户外场地的规划安排，在早锻炼的游戏活动时间，幼儿在足球场又一次展开尝试。在前期的实验中，孩子们意识到需要增加重物去抵住滚筒。做好了准备之后，开始搭建。

——我们又完成啦，好像还可以再搭一个。

——我们试试看，先弄到第二层，然后两边柜子上站人扶一下，下面人撬一下行不行？老师，我们可以这样吗？

——或许你们可以试试看！

突如其来的思考让原本规划好的计划发生了变故，对于三层滚筒搭建物能否成功，其实我心里也没有底。虽然这个行动是非常具有挑战性且具有危险性的，考虑到这个想法是孩子们自然生成的，并且十分期待这样的行动，因此我作为游戏的支持者参与了本次搭建行动。

在我的协助下，孩子们完成了三层搭建游戏尝试。"哇！我们成功了！"正当孩子们惊呼于三层"小蜜蜂之家"的宏伟时，滚筒轰然倒塌。显然，三层的滚筒由于过重和失衡导致了坍塌。

②支持跟进

在当天的游戏分享环节，老师和孩子们充分肯定了游戏中对于三层搭建玩法的拓展，同时总结了游戏最终走向的缘由。

——老师，盖房子真是很辛苦啊，我们盖了三层都老是坏。

——我知道盖房子都是用一个车吊起来的。

——那个是塔吊，我舅舅就会开这个！

孩子们对于大型器械运送重物产生了好奇，当即，我们就搜索了相关的视频共同学习，原来这一切都离不开科学——杠杆原理。由于多种原因，滚筒搭建游戏告一段落，但是对于力的探索还在进行中。

第三次游戏中，发生了未曾预料到的状况，在保证幼儿安全的情况下做了相应的尝试，未知的探索和挑战对于教师和幼儿来说是双重的考验，这样的游戏进程是自然发生的。

5. 活动反思

"滚筒乐"的游戏是基于幼儿的兴趣，过程显然没有想象的那么顺利，各种层出不穷的问题贯穿在游戏的每一个环节，而幼儿总是处在"发现问题—寻找原因—预设策略—尝试解决问题—又出现新问题"的过程中。伴随游戏进程，我们惊喜地发现，幼儿在游戏中有着近乎执着的目标意识，他们乐于主动发现问题、积极调动原有经验、思考问题背后的原因和预设可能的解决策略，坚韧不拔地尝试直至问题成功解决，这再一次坚定了教师心中"每一名幼儿都是积极、主动、有能力的学习者"这一信念。

只有在真正关注幼儿的发展兴趣和需要基础上，给幼儿充分的尊重和信任、宽松的时间和充足的条件、必要的支持和推动，幼儿的深度学习、有意义学习才可能发生。

在环境中看见儿童

大三班自主游戏活动——小滚筒 大挑战

1. 活动缘起

幼儿自主游戏为幼儿搭建了一个自主探究的平台，是幼儿获得有效经验的重要途径之一。从幼儿的兴趣、需要出发开展游戏活动，使幼儿在游戏中自由发挥，全面发展。

滚筒是孩子们熟悉又爱玩的低结构材料，带给孩子们多感官体验的同时，孩子们也对滚筒非常感兴趣。操场上的滚筒区提供了大小不一、材质不同的滚筒。为了提高幼儿的协调性和灵活性，满足幼儿主动探索、寻找问题的欲望，孩子们开启了一段滚筒探索之旅。

2. 活动目标

第一，积极参与玩滚筒活动，能大胆参与游戏，逐步学习站上滚筒、滚动滚筒的方法。

第二，在探索滚筒过程中，锻炼平衡能力，学会与小伙伴合作玩滚筒。

第三，喜欢玩滚筒游戏，在游戏中体验成就感。

3. 活动脉络

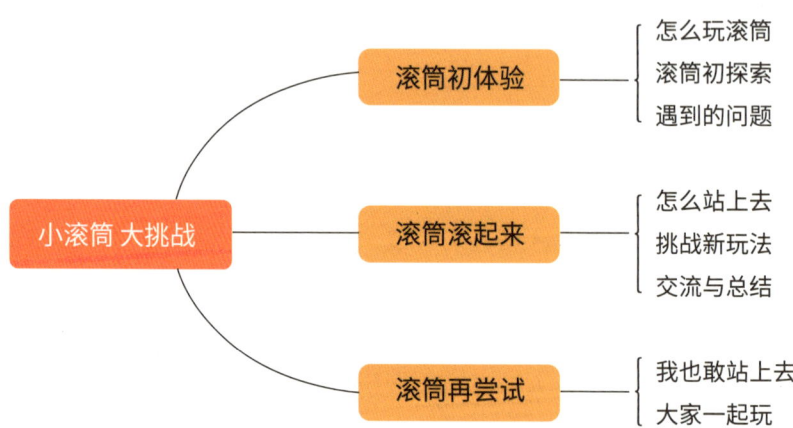

4. 活动过程

（1）滚筒初体验

①初探滚筒

户外自主游戏开始了，孩子们都选择了自己喜欢的滚筒，滚筒怎么玩呢？小朋友们自由探索滚筒的多种玩法。

有的小朋友把滚筒放平让另外一个小朋友躺在里面向前推；有的小朋友把滚筒立起来玩起了砸地鼠的游戏；还有的小朋友找来滚筒骑在上面，他们左摇摇右摇摇，像极了可爱的不倒翁；个别小朋友站在立起来的滚筒上摇摇晃晃；还有的小朋友尝试站立在滚筒上，但很快就从滚筒上滑了下来。

②怎么玩滚筒

在户外活动结束后,教师利用谈话活动与孩子们进行了交流:"你是怎么玩滚筒的?"孩子们把自己玩滚筒的方法用绘画表征的方式记录了下来。

③遇到的问题

在与孩子们讨论交流并记录分享后,我进一步提出了问题:在玩的过程中遇到了哪些问题?

通过孩子们的发言与教师总结,我们发现一些共性的问题,如:滚筒总是动来动去,不太敢两只脚爬上去。怎么让滚筒稳一点?有的小朋友已经站到滚筒上了,为什么滚不动?

孩子们在游戏过程中遇到的难题比较集中,都指向在滚筒上站立、行走。这些问题成为目前急需解决的问题。孩子们对这些问题进行了激烈的讨论,也在讨论之后得出了以下解决方法:请小伙伴帮我慢慢地推或踢一下滚筒;请小伙伴站在地面,帮我固定滚筒,抓着我的手让我站起来。

作为教师,要提供幼儿动脑思考解决方法并实践验证的机会。孩子们在发现问题时进行讨论、交流,从中完善游戏,使游戏更丰富、更有趣、更好玩。

孩子们在游戏轻松的氛围中获得愉悦的情绪,在与同伴的互动交流中促进了幼儿思维和语言方面的发展,丰富了游戏玩法并增强了幼儿解决问题的能力。

（2）滚筒滚起来

经过一段时间的练习，小朋友对滚筒游戏越发感兴趣，在实践中尝试解决在滚筒上站立、行走的问题。

①小伙伴帮忙

在小伙伴的帮助下，孩子们先慢慢地跪立在滚筒上，然后体验了站在上面时的成就感；个别孩子在同伴的帮助下可以走上几步，也是开心不已……

经过几次磨合之后，孩子们的游戏能力明显提升，他们将自己设想的解决方法进行实践。在观察中，几组孩子的默契配合让我为他们竖起了大拇指。他们在稳固滚筒、站上滚筒方面都取得了成功，他们互助搀扶、钻筒，在借助工具时自由探索物品轻重、固定滚筒，还讨论了滚筒在不同地面上运动的摩擦力、滚动速度等问题。孩子们在自主解决游戏问题的过程中自我成就感得到了满足。

②梳理与总结

从第一次不敢爬滚筒到跪立上去滑下来再到站上滚筒时的胆怯，以及到现在的自如，小朋友们花了一定的时间。在此过程中，遇到过困难，有过失败，但他们却没有放弃，而是积极讨论、大胆尝试解决问题，是小朋友们的坚持成就了他们最终的成功。

大部分幼儿在借助物体或小朋友的帮助下站到滚筒上已经没有问题了，但在滚筒上行走还是比较困难。面对这一难题，小朋友们并没有退缩，游戏持续进行……

（3）滚筒再挑战

①第一个成功的人

在玩滚筒的过程中，邵橦最开始慢慢尝试在滚筒上直立行走，刚开始行走得很难，一人一筒，一步两步，到后面的一米……

孩子们看到邵橦能独自上滚筒并在滚筒上行走一定距离后，纷纷发出"邵橦真厉害"的赞叹，同时也鼓舞了自己挑战成功的信心，更加努力地练习！

邵橦从滚筒上下来后，我大声地问她："你在滚筒上怎么走的？往哪个方向走？"邵橦想了一下回答说："就是双脚动一下、动一下，用点劲，往后走。滚筒往前，我往后。"有些孩子听到邵橦的话后，马上去实践了。

②大家一起玩

一个小时的户外时间内，有五六个孩子学会了在滚筒上行走，尽管有的只能在滚筒上停留一两秒，但在下来后仍然大声地喊着："我也会在上面走啦！"这也坚定了其他孩子继续练习的决心，会的孩子则会热心地帮助正在学习的孩子，大家一起"滚动"起来！

5. 活动反思

在孩子们探索滚筒并挑战滚筒的过程中,我看到了孩子们跟滚筒发生的有趣故事,他们经历了"自由探索—解锁新玩法—不断挑战",这是一个不断探索的过程。他们通过亲身实践,充分考验了他们身体的平衡能力、动作的灵敏度、动作发展的协调性和与材料的互动性。游戏培养了孩子们的合作意识,促进了思维和语言的发展,提高了解决问题的能力。孩子们在游戏中所表现出来的愉快、自信、自主是发自内心的,他们的游戏能力和智慧令人惊叹!

滚筒区的游戏活动还在继续推进,孩子们对自主游戏又产生了一些新的想法,两个人一起玩滚筒时或在晨间活动时会借助其他材料进行游戏的花样玩法。让我们一起期待他们的精彩表现吧!

大四班自主游戏活动——缱绻小时光

1. 活动缘起

前段时间蒙台梭利的一句话在网络上特别流行:"除非你被孩子邀请,否则永远不要去打扰孩子。"看到这句话时我脑子里第一个想到的就是自主游戏。阅读《放手游戏 发现儿童》和进行多次的教研使我明白,自由游戏是一场以"让游戏点亮儿童的生命"为信念的游戏革命,以"爱、喜悦、冒险、投入、反思"五个关键词为抓手。通过园内富有野趣的环境、充满隐形教育智慧的场地及中原地区明显的四季更替,我和大四班的孩子一起开始了属于我们的丰富有趣的自主游戏探索之旅。

2. 活动目标

下面我结合孩子们的日常游戏案例及班级本学期游戏计划,制定以下游戏目标。

第一,通过组织探索性游戏支持幼儿自由自主地在已有水平上发展,使游戏中的每一个环节都成为幼儿的真学习。

第二,通过描述自己的观察、回答问题或向老师提问,听老师复述自己的表述,培养语言表达和逻辑思维能力。

第三,在潜移默化中获得搬、抬、推、举、拉、自我保护、合作、沟通、计数、对称等各领域的整合经验,喜欢自主创造游戏。

3. 活动脉络

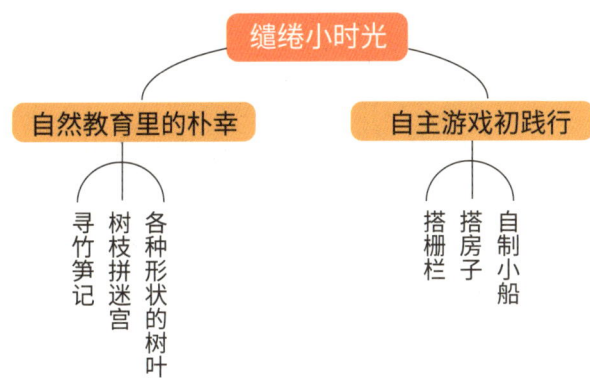

4. 活动掠影

(1) 自然教育里的朴幸

最初进行安吉游戏时我会刻板地认为放手就是让孩子自由地玩，忽略了在游戏过程中同伴交往困难和专注力不强的孩子的发展，于是在孩子进行游戏时会出现几个孩子总是到处转、你追我赶的情形，于是又认真翻看《放手游戏 发现儿童》，在游戏环境这一节有一张自然教育图示给了我启迪。我猛然意识到可以通过自然教育让本身就爱玩、爱探索的孩子们通过质朴的材料获得幸福感十足的游戏体验，于是结合园本课程通过找各种形状的树叶、树枝拼迷宫，寻竹笋记等活动让孩子学会合作，通过五感去认识大自然，获得专注力、学习力。这些感性认识和经验也是未来理性认识世界的基础。

(2) 自制小船

玩纸船的游戏源于小朋友的一句提问："王老师，你会叠小船吗？"我说："我来试一试。"之后带孩子们到户外活动，我们就去河边开启小船的探秘，于是有了孩子们激动欢呼的一幕。孩子们自主分成男生组、女生组，分别为自己的小船加油助威。在游戏中能够听到有个别小朋友提出小船会往这边儿漂，因为风是往这边刮的。后来小朋友找来树枝划水帮助小船前进，小船顺利漂到了河的尽头，但是不一会儿就烂掉了。

回到教室后我和孩子们讨论刚才玩小船的感受，孩子们说很开心、很神奇，也想自己学叠小船等。有了这个基础我引导孩子想一想什么材质的船不容易坏，并通过活动反馈使家长了解今天孩子在幼儿园的纸船探索。第二天我们班嘉乐小朋友就带来了几块泡沫板，说："爸爸说泡沫可以漂在水面上，今天我们可以用泡沫板做船。"于是，孩子们齐心协力地想办法做"泡沫船"，之后我们又去小河边尝试，这一次孩子们发现泡沫船比纸船漂得要快。

几次玩纸船游戏之后，孩子们不满足于只在岸边看小船，于是我们利用下午时间一起用废纸叠纸船。在放纸船的过程中正巧赶上桃花飘落，孩子们捡来桃花放到纸船里，嘴里念叨着我的花船太漂亮了。在放花瓣后有的小船出现不平衡侧翻的情况，只有赵乙慕、董依沐的小船漂了很久。回教室后请他们做分享，原来两位小朋友在折纸船时把每条边都对折得很齐，放的花瓣很均匀，所以漂得久。在充满乐趣和挑战的游戏过程中，每个孩子其实都进行了不同程度的深度学习。我想除了科学知识的学习外，等他们长大后回想起曾在一个桃花盛开的春天，为一只载满花瓣的纸船而感到由衷的快乐时还会感到要珍惜生活中细碎的小美好。

（3）搭房子

在自主游戏的理念树立后，我深深发觉真的多了很多时间去观察孩子们的游戏。这天带着孩子们在楼顶玩，我发现小男生搭了一座初具规模的建筑，听到辰辰在分工，××负责搭房子的顶，××负责搬材料，小朋友们热火朝天地玩着，突然沐沐小朋友哭了起来，原来其他小朋友说禁止他入内。如果是在以前我一定第一时间过去问发生了什么并充当和事佬，但这一次我采取的介入方式是回教室后一起回忆、讨论这件事情，小朋友们就指出他没有参与搭建并且没有从房门进。

之后孩子们再去楼顶搭房子，房子的"门"设计得很明显，房间也变得大了起来，小朋友之间也没有了纠纷。等到第四次进行游戏时可乐开始尝试给"家"里添置小汽车，于是我们能看到孩子们用三个滑轮自制的小汽车。再后来搭房子时能够发现，孩子们的房子更加豪华了，灯、感应门、风扇、电视甚至是直升机一应俱全，这是孩子们游戏质量上的飞跃。虽然在这个过程中孩子们的游戏可能比较单一，但是在一次次的努力下出现了小步递进的发展和变化，孩子们一直在自己力所能及的最高水平上持续发展。

第二次搭房子

（4）搭建栅栏

照片拍摄于2023年6月初，在自主游戏落实的时间里，孩子们在户外活动时能够把一些看似无用的材料变为有价值的游戏材料，从最初的两人搭建到后来的五人搭建、七人搭建，比起开学时因为拼搭房间而号啕大哭的情况到如今明确的分工合作、耐心的坚持及友好的沟通表达，孩子们都有了巨大的进步，游戏语言也更丰富了。

5. 活动反思

第一，活动中忽略了过程性资料的保存和设计，譬如可以加入更多的照片、游戏故事、视频记录形式。

第二，活动的开展缺少计划性框架，活动结构单一。

第三，忽略了游戏过程中幼儿的表征，课程和游戏本身就是相互依托的关系，在未来的游戏活动中会重视幼儿游戏前的计划、游戏后的记录分享及教师对幼儿游戏水平的跟踪记录。

以上是我们进行自主游戏以来的初体验，当然还有许多要探索、总结、完善之处。

| 第二篇 儿童本位"趣"游戏环境创设 |

第三篇 儿童本位『趣』学习环境创设

陈鹤琴先生曾说过，儿童的发展是离不开环境的，环境越有价值，儿童获得的经验也就越丰富。环境是幼儿园重要的教育资源，它作为隐形的老师，会潜移默化地影响生活在其中的每一位幼儿，同时能帮助幼儿投入学习，为幼儿认知自我和世界提供材料与经验。它如同一本立体且有着时间属性的书，字里行间都传递着各种可感知并能激发情感和探索的信息。因此，幼儿园应当通过环境的创设和利用，有效地促进幼儿的发展。学习环境作为幼儿园环境的重要组成部分，是与幼儿积极互动、激发和促进幼儿深度学习的重要载体。

学习环境创设初探——公共区域环创的实践

在长期的探索、实践中，我们对幼儿园学习环境的创设有了初步的认识，在儿童本位的环境创设思想和理念下，我们进行了一些积极的尝试和摸索。

幼儿园公共环境是指幼儿园的大厅、走廊、楼梯间等公共部分。由于公共环境比班内环境在建筑性质和功能上更加复杂多变，所以我们在这里进行环创时，除了要遵循幼儿教育的相关原则外，还必须学习、遵循一般室内装饰的原则。这些原则包括把安全放在第一位、要满足使用和精神双重功能、艺术品陈设位置符合观赏特点和视觉距离、要注重整体风格等。

当我们步入一个幼儿园，最先映入眼帘的就是幼儿园的公共环境。公共环境的统筹安排和合理设置，材料的选择和制作，色彩的协调统一等，都会给人留下深刻的印象。我们认为公共环境应该是有生命、有灵气的，创设环境的过程就是教师和幼儿共同创造的过程，也很好地展现了幼儿学习的过程。

（一）营造有生命、有灵气的公共环境

1. 蕴含中国传统文化的大厅环境

我们特别重视开展传统节日文化教育，每年均组织春节、清明节、端午节、中秋节、重阳节等节日教育活动，教师与幼儿一起根据不同节日的风俗习惯，打造相应的节庆环境。如结合二十四节气中冬季的六个节气（立冬、小雪、大雪、冬至、小寒、大寒），幼儿园大厅投放有关冬季节气习俗的物品、绘本，讲述古人有关节气的智慧；布置有关节气的手工、美术作品，引导幼儿用艺术的方式表现节气，尝试包饺子、做糖葫芦、做雪人、画梅花等，幼儿将亲手制作的作品张贴或摆放在大厅墙面、展示架（台）上；用超轻黏土、石块、木块、花草等物料制作饺子、腊肉、汤圆、火锅等，打造节气传统美食小桌，营造浓郁的文化氛围。

在环境中看见儿童

2. 各具特色、异彩纷呈的楼梯环境

我们幼儿园的楼梯数量多，分布广，利用这一优良的教育资源，我们精心打造了"我爱你中国""科技创未来""缤纷节日""畅游四季美""童心看世界"五大主题楼梯。在楼梯创设的过程中，我们始终坚持儿童本位，先问问孩子"你觉得我们的楼梯怎样装饰是你所喜欢的？怎样打扮我们的楼梯最漂亮？"并对幼儿的回答进行整理、归纳，让幼儿带着问题思考自己园所楼梯的环创，真正做幼儿园的小主人。在不同的楼梯主题中，在幼儿和老师的集体智慧下，我们呈现了形式多种多样的楼梯环创：有中国传统的剪纸、水墨画，有孩子们游历祖国壮丽山河的照片（"我爱你中国"楼梯）；有孩子们畅想的宇宙飞船、太空遨游、星际穿梭（"科技创未来"楼梯）；有关于中国传统节日习俗的绘画、手工、食育（"缤纷节日"楼梯）；有春意盎然、夏花绚烂、秋收冬藏的四季美景（"畅游四季美"楼梯）；有世界名画、名乐器、名建筑，有胸怀祖国、放眼世界的豪迈（"童心看世界"楼梯）。这些楼梯的环创不仅在创设时引发了幼儿的思考，它们也持续地引领着幼儿的学习。孩子们在楼梯上的每次驻足停留、凝望，都会对他们产生潜移默化的影响，都会在内心深处激发着他们继续去探索，去了解，学习更多的知识。

在环境中看见儿童

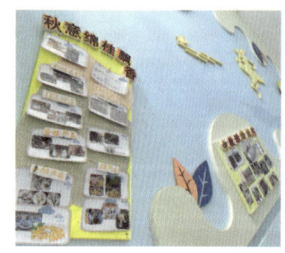

3. 富有童趣、浸润心灵的连廊环境

阅读浸润孩子的心灵、增长孩子的智慧,如何将孩子们最喜欢的绘本呈现在环境中,让幼儿能够长久地受益呢?我们在二楼连廊的位置,创设了富有童趣、浸润心灵的"书香童年"连廊,对幼儿喜爱的绘本进行再表现、再创作,让幼儿在绘本的浸润与滋养中培养良好的品格。

4. 随处可见的"幼儿提示指引牌"

作为幼儿园的小主人,幼儿自己创作的提示指引牌格外亮眼,幼儿稚拙、古朴的表现蕴含着丰富的道理:"上下楼梯靠右走""不推挤、不打闹""节约用水、用纸、用电"等。孩子们的创作不仅是对他们艺术水平、能力的提升,更是对社会公德的感知和学习。

5. 一室一天地，异彩纷呈的功能室环境

幼儿园的功能室是幼儿园特色教育体现最浓的地方，我园设有九大功能室，绘本馆、舞蹈房、钢琴房、美劳室、陶艺工坊、木工坊、建构室、科探室、美食坊等，打造了异彩纷呈的个性化学习环境，为幼儿多方面的发展提供了保障。在功能室活动中，幼儿动手动脑、释放天性，其特长达到了最大程度的激发。观察力、想象力、行动力、表现力、思维力等均得到了提升，助力幼儿全面发展更上一个台阶。

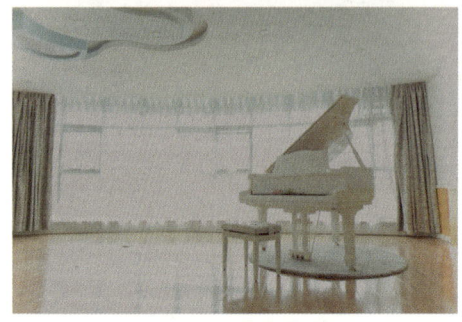

（二）幼儿经历创作全过程，获取关键经验，诱发深度学习

在有意义的环创中，幼儿不是袖手旁观的，而是作为主导和教师一起参与创造的。在这一创造过程中，幼儿之间、师幼之间互相合作，互相启发，互相学习，产生创作灵感，并在合作中充分体验了快乐，收获了相关领域的关键经验。例如：艺术领域的艺术欣赏，搓、捏、团、画等艺术技能；社会领域的能与同伴友好相处，自尊自信自主，关心尊重他人，遵守社会规则，有一定的归属感等；健康领域的手部精细动作发展等。幼儿是环境的主人，教师要及时把握幼儿兴趣，给幼儿自主的空间，鼓励幼儿大胆地创作和表达。

在环境中看见儿童

二

班级学习环境创设梳理

通过对学习环境创设的实践和反思，我们认为，创设学习环境时要做到四点：一是学习环境内容实用；二是学习环境以幼儿为主体；三是学习环境能做到及时更新；四是学习环境能促进幼儿的发展。这四点可以单独实施，但它们在内部联系上又有着层层递进的促进作用。

（一）学习环境内容实用

学习环境内容的实用性指学习环境内容应适合幼儿身心发展的特点，让幼儿通过学习环境能更好地感知事物的内容、形式，获取一定的学习生活经验，使其成为重要的教学资源。教师合理运用这些环境促进幼儿的综合发展，让幼儿全面提升自身的能力。其中又包含了以下几个关键点：

1. 依据幼儿问题，立足幼儿视角，架构适宜的学习环境内容

主题活动开展前，教师依据主题推进发放调查表或组织谈话活动，以幼儿的问题探究推进主题活动的开展。同时教师将调查表或谈话记录进行整理装订，放在幼儿方便翻阅的位置，或布置于墙面的问题板块上，以便于幼儿从中获取信息。

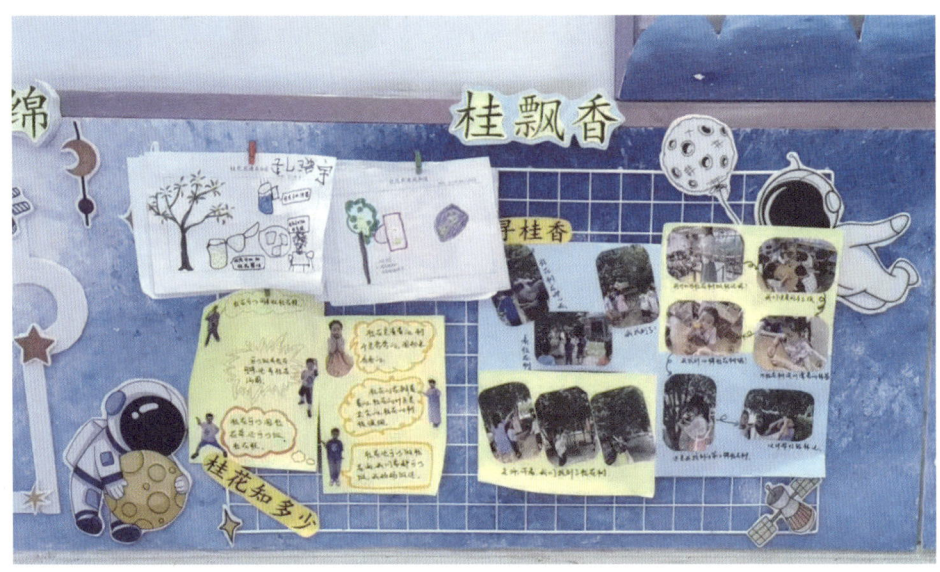

2. 梳理经验，链接墙面环境与幼儿的互动学习

幼儿有着丰富的经验，在整个主题推进中，如果不对其加以筛选、梳理，一股脑儿地呈现在主题墙面上，反而会因为信息过量无法引发幼儿进一步探索的兴趣。因此，我们可以选择几个重点来聚焦幼儿的经验，同时提炼板块，展现行进脉络。

例如：在"我的好朋友"这一主题中，小、中、大班幼儿由于年龄特点和发展水平不同的原因，各自所关注的点是不一样的，因此，三个年龄段环境创设的内容也应各不相同。相较小、中班幼儿来说，大班幼儿在人际交往方面的能力已经有了较大的发展。他们会选择自己喜欢的玩伴，经常三五个小朋友合作做游戏，能够初步解决一些交往中的冲突与矛盾，但依然需要成人的适当介入和指导。基于大班幼儿同伴交往的情况，培养幼儿的友爱品格主要从以下三个方面进行，即同伴交往、解决冲突、爱的回馈，因此主题墙的结构也应相应地划分为这三个板块。

（1）同伴交往——朋友大讨论

教师可以以"我的好朋友"为主题，通过主题谈话、情景讨论等方式引导幼儿探讨关于朋友的话题。引导幼儿围绕"你有好朋友吗""什么是友谊""你的好朋友是什么样的人""好朋友档案"等主题，通过介绍、调查、绘画等多种形式进一步深入了解自己的好朋友。教师随后将幼儿的调查表、绘画作品、讨论过程分模块展示在这一子主题板块下，并引导幼儿与同伴积极分享，巩固习得的已知经验。

（2）解决冲突——冲突大讨论

当幼儿之间产生矛盾时，教师应能够有意识地引导幼儿分析产生冲突的原因，并鼓励幼儿自己解决冲突，丰富幼儿的交友体验，积累交往经验。教师可引导幼儿将自己与同伴发生冲突、解决冲突的过程画成连环画，与同伴进行分享，并将其展示在这一子主题板块下。

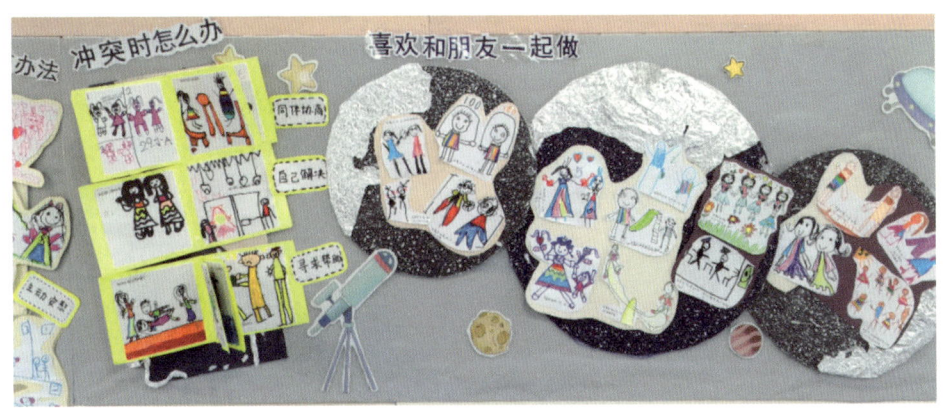

(3)爱的回馈——朋友我想对你说

大班的幼儿马上就要毕业了,即将开始期待已久的小学生活。面对人生中第一次"离别",孩子们心中有期待、有祝福,更有对朋友、对老师、对幼儿园的不舍:还有想玩的游戏还没有和朋友玩够,有好多悄悄话还想和朋友诉说,还有好多好吃的、好玩的想和好朋友分享……这些期待和不舍纷纷化作画笔下的一幅幅作品,化作一张张"悄悄话字条",化作一个个温暖的拥抱、一次次同伴的互助、一个个肯定赞许的眼神、一张张绽放的笑脸……教师应及时捕捉、记录,用照片、图画等多种方式帮助幼儿呈现,让这一幕幕温馨的瞬间永远留存在幼儿心中,滋养幼儿美好的童年。

（二）学习环境创设以幼儿为主体

1. 给幼儿充分的、自由发挥的空间

教师在进行学习环境创设时，必须给幼儿充足的动手时间和发挥空间，要让幼儿自主思考、创新，激发幼儿的思维和想象力，帮助其探索未知世界，充分激发其潜能，这样才能真正地发挥学习环境的教育价值。

例如：教师在班级中可以适当"留白"，给幼儿留出一个空白的区域或墙面，作为幼儿自由发挥的空间，让幼儿根据日常生活元素进行自由的创作，充分展示自己的个性化作品。通过以上方式，教师能够更好地发现幼儿的喜好和兴趣点，从而进行有针对性的指导，幼儿也会在自主创作的过程中不断激发自身的潜能，获得各方面能力的提升和发展。

2. 以幼儿作品为环境创设的主要元素

在学习环境创设的过程中，教师应引导幼儿充分地、全程地参与其中，组织幼儿完成环境的布置，这样既可以锻炼幼儿的动手能力，也可以提高幼儿的参与感，最大程度地激发幼儿的兴趣。

例如：教师可以将幼儿的手工作品、绘画作品展示在主题墙上，幼儿看到自己的作品会十分开心，进而产生愉悦感、自豪感和成就感。这对于激发幼儿主动创作具有一定的促进作用，也有助于幼儿养成良好的动手实践习惯和提升动手实践能力。因此，教师需要重视给幼儿发挥自我能力的机会。

再如：在语言区进行活动材料投放时，老师征求幼儿的意见和建议，询问幼儿想要投放哪些材料、怎么制作、怎么摆放等。根据幼儿的讨论结果为幼儿提供相应的手工、绘画等材料，在活动中组织幼儿一起学一学、做一做，然后将幼儿完成的作品投放进语言区。当幼儿看到自己辛苦制作的手工作品被投放在语言区时会感到喜悦和有成就感，这不仅有利于幼儿日后主动参与语言区的活动，而且能提高幼儿参与班级其他区域创设的积极性和主动性，同时班级环境创设中幼儿的主体地位也得到了凸显，环境的教育价值也在幼儿的参与与互动的过程中得到了深化。

 在环境中看见儿童

（三）学习环境追随幼儿的发展，呈现动态变化

学习环境的创设绝不是一劳永逸的，因为幼儿的学习和发展是不断更新和前进的，所以学习环境的创设也要做到更新及时，更新适当。

1. 以幼儿需求为线索，不断完善学习环境内容

我们的生活是处于不断的变化之中的，幼儿也是在与环境的互动中不断成长和变化的，所以在创设班级学习环境的时候也要考虑到环境不是一成不变的，是需要追随幼儿的发展而不断变化的,这就需要班级教师根据幼儿的真实需求，对学习环境的创设做出及时的调整。只有这样，才能满足幼儿发展的需要。

例如：在大班的语言区的墙面环境创设中，最初是结合大班幼儿年龄特点，更多的是一些书写姿势、图书制作步骤图等，以期幼儿能通过与墙面的互动来学习握笔姿势以及进行简单的自制绘本等活动。但在实践的过程中，发现幼儿对此墙面环境的兴趣平平。在一次班级幼儿针对姓氏提出疑问时，教师抓住契机，进行了一节综合活动"姓氏大调查"，并让幼儿通过创意手工用彩泥、锡纸等材料创作自己的姓氏图画，在活动结束后，听从幼儿的建议将作品布置到语言区的墙面进行装饰。而由幼儿发起并创作的墙面也更加受幼儿的喜爱，进而也引发了幼儿对书写的兴趣。

另外，幼儿发现语言区的书架总是乱糟糟的，基于此老师引导幼儿通过谈话活动，讨论原因以及解决的方法，幼儿将此过程通过绘画表征进行记录。自此，语言区的墙面环境结合幼儿的问题、兴趣点，探索、反思、总结也变得更加丰富且生动。

2. 注重幼儿的参与体验，激发幼儿主动对环境做出调整

除了结合幼儿需求完善环境之外，在开展实践活动的过程中，我们也发掘了一些幼儿感兴趣的内容，以此来激发幼儿主动对环境做出调整。

以中二班美工区改造为例，在开展班级区域环境创设的过程中，幼儿对自主创设班级环境有浓厚的兴趣，同时也积累了一定的前期经验。美工区活动是班级幼儿特别喜爱和关注的区域活动之一，虽然在学期初，老师邀请幼儿共同进行了简单的美工区环境创设、材料投放，但在区域活动的过程中，班级幼儿针对美工区域创设又提出了新的问题，如：美工区太小了，多一些小朋友进来就很挤；希望有更多自己的作品能呈现在美工区，幼儿对作品的摆放方式也有自己独特的想法；美工区的材料太单一了，他们期待颜色更丰富、种类更多样的材料。针对上述问题，教师支持幼儿召开主题会议，进行讨论，寻找解决的方法。幼儿结合自己日常的生活经验，讨论出可以把两张桌子拼在一起，扩大操作空间以容纳更多伙伴参与；在空间环境的布置上，幼儿提出用更多自己的作品进行装饰，减少枯燥的范例式环境；针对材料的来源，幼儿期望根据自己兴趣自主搜集和投放材料，比如说幼儿也希望秋天的落叶、种子、果实可以作为美工区材料。主题会议结束后，幼儿根据讨论结果，分组实施，对美工区重新进行了创设和改造。在美工区改造的过程中，幼儿把真实体验融入环境创设的过程中，增加了幼儿对环境创设的参与感与掌控感，也更能激发和延续幼儿的创作欲望和兴趣，有助于幼儿与环境产生更进一步的互动、交往与优化调整。

3. 学习环境要结合时间契机及时更新

教师可以结合当下节日、气候、重大事件等，或者对幼儿比较关注的人和事进行学习环境内容的更新，教师引导幼儿亲身参与精心组织的特色活动，帮助幼儿加深对当下时间、契机、教育事件的深刻理解。

（四）学习环境的创设促进幼儿能力的发展

在班级环境创设的过程中，教师在尊重幼儿的想法、满足幼儿的真实需求的同时，创设的环境要能促进幼儿相关经验的积累、能力的提升。正如教育家杜威所说，教育就是经验的重组。幼儿通过亲身体验活动去获得各种经验，积淀认识周围世界的经验，进而获得能力上的提升。

仍以大班值日生就餐环节为例，幼儿在一开始只关注值日生脱岗的问题以及自身在服务他人过程中所体验到的成就感。然后随着值日次数的增多，幼儿发现分发餐具的顺序与盛餐数量之间相互影响的关系、餐具放在托盘的位置与平衡的关系、盛餐量与同伴身高体重的关系等。并在此过程中发现就餐环节的秘密，如：负责分发餐具的值日生先发汤碗，这样盛菜的值日生就不会盛多；分发餐具时餐具没有放在托盘的中间，托盘就会倾斜，餐具容易掉下来；个子高的、胖的小朋友吃得多要多盛一点，个子小的、瘦的小朋友吃得少可以少盛一点，这样就不会浪费。幼儿在"体验—发现—总结—积淀"的过程中，自身的能力也得到了提升。

在环境中看见儿童

学习环境创设中的收获

在我园的探索实践过程中，依托学习环境的创设，幼儿的探究能力有了明显的改变，教师的环境创设能力也有了较大程度的提升。

（一）学习环境内容更加贴近幼儿需求

在主题实施中，幼儿总有一些问题等待解决，在解决过程中又会生成新的疑问，学习环境中的"留白墙""我知道""我还想知道"等板块，方便幼儿在互问互答的过程中衍生新的学习内容。这些均是支持幼儿深度学习探究的基础，也是幼儿发展的真实需求。

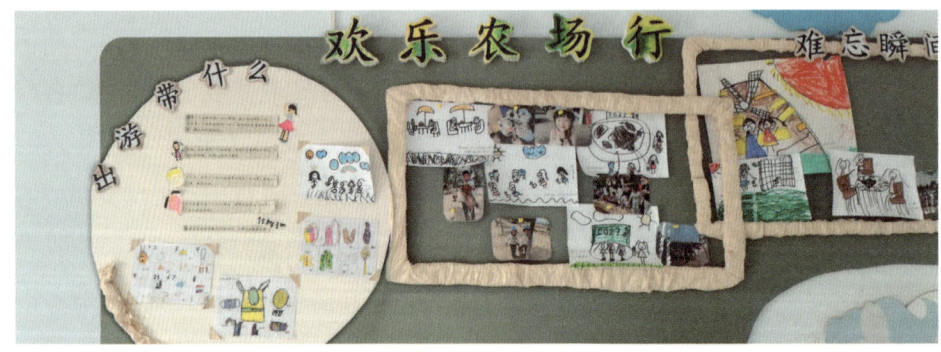

（二）学习环境儿童本位痕迹更加凸显

"让幼儿成为环境的主人，创造属于儿童的班级环境"是《幼儿园教育指导纲要（试行）》所倡导的"以幼儿发展为本"理念具体落实到教学的又一次教育实践。现在园所的学习环境幼儿参与的痕迹尤为明显，到处能够看到幼儿学习探究的过程及新的发现，幼儿通过多种表征形式进行的创作特别丰富，儿童本位的学习环境更加优质。

（三）教师创设学习环境的能力得到了提升

在进行学习环境创设的探索和实践中，教师转变了环境创设的观念，越来越重视幼儿的主体地位在环境中的体现，积极为幼儿的发现提供适宜的平台，让幼儿成为环境的主人，说自己想说的话，做自己想做的事，积极愉快地参与主题活动和学习环境的创设，让墙面从静态隐形墙面成为儿童"可看、可探、可说"的显性墙面，为幼儿创设真正能与之"对话"的主题墙面，使墙面能真正对幼儿主题课程的开展给予启发、支持和帮助，教师的环境创设水平得到了极大的提升。

第四篇 儿童本位"趣"运动环境创设

《幼儿园教育指导纲要（试行）》指出：幼儿园应为幼儿提供健康、丰富的生活和活动环境，满足他们多方面发展的需要，使他们在快乐的童年生活中获得有益于身心发展的经验。《3—6岁儿童学习与发展指南》指出：创设丰富的教育环境，合理安排一日生活，最大限度地支持和满足幼儿通过直接感知、实际操作和亲身体验获取经验的需要。创设有效的运动环境对幼儿来说显得尤为重要。本研究将聚焦于幼儿园运动环境的实践，如何利用运动环境改变有效促进幼儿各项能力发展及教师体育素养的提升，在园所现有的环境基础上打造一个以幼儿为本、从幼儿视角且适合并利于幼儿发展的运动环境是本次课题重点研究的内容。

| 第四篇　儿童本位"趣"运动环境创设 |

运动环境创设初探

　　环境具有育人的重要功能，在促进幼儿认知发展及社会性发展等方面发挥了不可或缺的重要作用。意大利教育家蒙台梭利认为："儿童的内在潜能是在环境的刺激、帮助下发展起来的，是个体与环境之间相互作用的结果。"《幼儿园教育指导纲要（试行）》中也明确指出："环境是重要的教育资源，应通过环境的创设和利用，有效地促进幼儿的发展。"幼儿园运动环境是指在幼儿园场所中与幼儿运动有关联的环境的总和，不仅涉及幼儿园运动活动的空间和机会、材料，也包括师幼互动、家园共育等一些非物理环境，具有过程性、交互性和开放性的特征。运动环境的创设在幼儿健康运动和快乐运动、创造性运动等方面起着极其关键的作用。因此，幼儿园的运动环境是幼儿学习

环境重要的组成部分，虽指向"运动"领域，对幼儿发展的影响却是全面的，而我们常容易忽视运动环境的创设，表现得极其不注重幼儿运动环境的美观和整洁，不关注幼儿运动游戏材料、运动材料的投放，以及不注重发挥环境对幼儿运动行为习惯的培养、塑造的作用，让杂乱无章的运动环境极大制约了幼儿创造力的发挥。因此，本研究将聚焦于幼儿园运动环境的实践，如何利用运动环境改变有效促进幼儿各项能力发展及教师体育素养的提升，在园所现有的环境基础上打造一个以幼儿为本、从幼儿视角且适合并利于幼儿发展的运动环境是本次课题重点研究的内容。

在环境中看见儿童

运动环境创设梳理

（一）厘清概念，明确运动环境对幼儿整体发展的重要性及意义

经过系列研讨，我们进一步厘清了"运动环境"这一概念，更加明确了运动环境对幼儿整体发展的重要性及意义。广义的运动环境指的是运动时所处的外界条件，由多种因素构成，它包含社会环境（如家庭和同龄人）、物理环境（如天气、时间压力、距离、设施）以及身体活动的特点（如强度和持续时间的运动回合），但在本课题中运动环境特指保障幼儿运动安全、激发幼儿运动兴趣、发展幼儿运动思维、提高幼儿运动品质的环境，幼儿园通过运动环境的创设来促进幼儿快乐运动、健康成长。

（二）理论学习，梳理思路与方法

第一，通过文献理论学习，明确研究思路。通过在知网上对相关文献的学习，我们发现专家对运动环境主要从"基于儿童视角的幼儿园户外运动区环境优化研究""幼儿园支持性运动环境的创设策略""幼儿园运动环境质量研究"方面进行研究，在此基础上，我们课题组成员对专家的研究进行分析，制定符合我们课题要求的研究思路和方法。

第二，通过问卷调查，了解幼儿心目中的运动环境，将其列入运动环境改造清单。

第三，借助体育教研组力量，根据幼儿园运动场地现有特点进行合理利用、改进并布局，按照运动特点以及锻炼内容的不同进行分区，24个班进行分区使用。

第四，每个区域小、中、大班进行蹲点观察，制定跟踪观察方案，根据实际情况创设、调整运动环境内容，并及时跟踪教师的动态创设过程、幼儿在运动环境中的使用情况。

第五，对过程性资料进行整理，不断调整、完善研究方案。

（三）梳理成果的总结呈现

第一，对教师基于儿童本位的、高质量的运动环境创设及做法进行梳理，形成研究成果。

第二，形成运动环境分区图、各区运动指导建议牌、优秀活动案例集。

第三，撰写研究报告，总结出适合的策略和实施路径，并进行推广。

第四，接受评估，进行结题鉴定。

在环境中看见儿童

三 运动环境创设过程的开展

课题组根据问题和现实情况进行分析和研究，针对"不注重运动区环境的美观、整洁，不注重运动活动游戏材料和运动材料的投放，不注重发挥环境对幼儿行为习惯的塑造作用，以及杂乱无章的运动环境制约了幼儿创造力的发挥"等问题，以及如何在园所现有基础上创设以幼儿为本、从幼儿视角出发且适合并利于幼儿发展的运动环境，开展以"听听幼儿心声，满足幼儿的真实需求；将运动环境合理分区布局，真正契合幼儿的发展，呈现动态的变化；运动环境的创设促进幼儿能力的发展"为目标的实践研究。以下为研究过程中的具体做法和经验。

（一）运动环境的创设满足幼儿的真实需求

1. 通过问卷调查了解幼儿的需要

为了充分尊重幼儿的想法，满足他们的合理需要，我们开展了全园幼儿参与的问卷调查活动（家长协助完成），设计制作了问卷调查内容，对户外设置什么运动区域进行了问卷调查。有的幼儿说，想要再大一点的玩沙区和玩水区；有的幼儿说，想有又大又天然的草坪和小河；有的幼儿说，想要自然野趣挑战区；有的幼儿说，如果幼儿园有篮球场和足球场就好了，这样就可以和小伙伴一起在幼儿园玩球了；有的幼儿说，想有悬吊区、攀爬区，要锻炼手臂使其更有力量，来保护妈妈；有的幼儿说，想要有更多的运动器械；有的幼儿说，想有可以投掷、跳跃、平衡、拽绳子爬的运动区；有的幼儿说，想有弹跳障碍区和可以在空中奔跑的长廊；有的幼儿说，想有可以滑进恐龙沙池的空中滑梯……教师通过调查幼儿的想法，为创设什么样的运动环境提供了很多参考。

在环境中看见儿童

2. 以教研为抓手，梳理满足幼儿需要的内容

幼儿的需要五花八门，这些需要都需要满足吗？可以满足吗？如何在环境创设时将幼儿的需要真正地落实和满足？到底什么样的运动环境既能满足幼儿的需要，又能促进幼儿的发展？在体育教研组会上，各年龄组对这些需要和想法进行了思考和梳理。幼儿对运动环境的需要有的是物质层面的，有的是精神层面的；有的是合理需求，有的有待商议。通过教研研讨，总结出满足幼儿需要的运动环境要符合两个要求：首先是能促进幼儿的发展，其次是能促进幼儿经验的获得，并在此基础上梳理出有价值的需要。例如，支持进行创设可以投掷、跳跃、平衡、拽绳子爬的运动区，有利于增强幼儿四肢力量，发展大肌肉运动，训练身体协调性，锻炼小脑，不仅影响幼儿参与运动活动的情绪和行为，而且还可引发幼儿参与体育运动锻炼的兴趣和构想，并且由于其心肺功能的增强而使幼儿脸色红润，胃口大开，吃得多，睡得好，长得也快。创设这样的运动环境就是必要的。保留部分塑胶场地，打造篮球场、足球场，破除多余塑胶地面，铺设可供幼儿肆意奔跑嬉戏的草地，打造空中长廊连接滑梯和恐龙沙池，在奔跑锻炼中带有野趣。挖小河造喷泉，美化运动区，使幼儿在运动后歇息间隙也能感受童趣。

在环境中看见儿童

在环境中看见儿童

（二）运动环境追随幼儿的发展，呈现动态变化

1. 环境真正为幼儿发展服务

利用现有环境优势，进一步探索利于孩子运动和锻炼的方法。幼儿园树木较多，选择粗壮高挺的香樟树、朴树等，绑绳梯，在空中长廊和云梯上绑绳结，增加攀爬项目，使幼儿的运动充分融入自然环境。改造固有器械，增加运动难度和强度。例如，去掉一楼户外滑梯滑桶，设计各式攀爬绳梯，有固定的网状绳索，可供自由搭建的安吉攀爬木梯和平衡木、垂吊的各种类型绳梯。能力较弱的幼儿可以使用便于攀爬的木梯，能力较强的幼儿可以使用软梯，身体协调、动作灵敏且具备上肢力量的幼儿可以使用结绳进行攀爬，以此满足不同能力水平的幼儿锻炼上肢力量。例如：在树与树之间搭架子悬挂沙袋，在室内公共区域一楼大厅与二楼大厅之间设计有难度的旋转滑梯，如攀登成功即可乘坐旋转滑梯滑落；在大型器械网状攀爬钻桶顶端增加绳索，幼儿可挑战在钻桶上面攀爬……适当地增加难度，让幼儿进行挑战，更能激发幼儿运动和锻炼兴趣，练练孩子的协调性和平衡性以及胆量，提高幼儿运动能力，培养幼儿运动精神，让孩子懂得不怕困难，敢于挑战自己。

2. 根据户外场地合理划分运动区

组织各年龄段教研组分别对全园户外场地进行实地查看,将整个户外场地分为四部分。

场地1:东操场。首先,东操场由篮球场和足球场组成,主要以球类技能、身体协调性练习、奔跑、投掷等球类活动为主;其次,场地宽阔平坦,运动器械可以任意组合摆放而不受地形的限制,比较适宜幼儿开展各种锻炼动作的学习和器械活动,因此可以作为"动作技能运动区"。

场地2:沙水栈道区。沙水栈道区地形复杂,有山坡、沙地、木桩桥、石子路、草地等,内设有阁楼、戏水池等,情境性和趣味性较强,同时在地形复杂的环境中奔跑也具有一定的挑战性,因此我们将此地划分为"身体协调灵敏区"。

场地3:野战区。场地主要由滑索、攀岩、战壕、树丛等极具挑战性的活动区组成,动作难度大,对幼儿的体能水平和力量耐力均有一定的要求,且场地范围广,活动不受拘束,因此我们将此地划分为"综合体能锻炼区"。

场地4:楼顶空地。楼顶场地空间较大但不够平坦,且考虑到安全问题,适宜放置组合类小型器械开展体育运动游戏,可作为其他场地活动的补充和辅助,因此我们将此地划分为"运动游戏区"。

在环境中看见儿童

户外活动区域划分

场地编号	具体位置	区域名称	活动内容
场地1	东操场	动作技能运动区	球类运动、动作练习、器械游戏等
场地2	沙水栈道区	身体协调灵敏区	运动游戏、障碍跑等
场地3	野战区	综合体能锻炼区	力量耐力训练、攀爬、悬吊等
场地4	楼顶空地	运动游戏区	运动游戏、器械游戏等

3. 制定运动内容清单

按照内容的不同，运动基本可以分为规则运动游戏、基本体操、基本动作练习、器械锻炼四类，选择符合幼儿体能发展水平的活动内容是运动活动有效开展的基础。向各班征集创意运动内容后经筛选、汇总，制定优秀活动案例集。

在环境中看见儿童

体育活动内容清单

内容	小班 名称	小班 核心经验	中班 名称	中班 核心经验	大班 名称	大班 核心经验	场地参考
规则运动游戏	拼拼乐	大肌肉运动	网小鱼	动作灵敏	好玩的轮胎	平衡、上下肢力量	场地1 场地2 场地4
规则运动游戏	木头人	反应能力、耐力	欢乐打地鼠	下肢力量	拉雪橇	上下肢力量	场地1 场地2 场地4
规则运动游戏	毛毛虫	下肢力量	快乐小乌龟	蹲、走、爬、侧身翻	调皮袋鼠跳	下肢力量	场地1 场地2 场地4
基本体操	动物模仿操	综合体能	简易体操	综合体能	器械操、幼儿广播体操	综合体能	场地1 场地4
基本动作练习	火箭飞	向上跳	跳箱	上下肢力量	跳箱	上下肢力量	场地1 场地3
基本动作练习	青蛙跳荷叶	下肢力量	拯救喜羊羊	投掷	斗鸡	单脚跳	场地1 场地3
基本动作练习	蚂蚁运豆	爬、平衡	两人三足	协调、合作	老鹰抓小鸡	敏捷、综合反应	场地1 场地3
器械锻炼	好玩的短绳	快跑、双脚行进跳	好玩的脚印地垫	弹跳能力	足球运动员	双脚交替运球	场地1 场地3 场地4
器械锻炼	小汽车嘀嘀	"S"形走或跑	跳跳垫	下肢力量	小小建筑工人	平衡、身体协调	场地1 场地3 场地4
器械锻炼	袋鼠跳、羊角球	下肢力量	协力板	协调、合作	木梯组合	综合体能	场地1 场地3 场地4

4. 优化场地使用，保证幼儿运动均衡发展

我们制订"体育活动场地安排周计划表"，保证场地满足全园24个班级每天都能进行1个小时的户外体育活动。

体育活动场地安排周计划表

场地	活动时段	具体时间	周一	周二	周三	周四	周五
场地1	上午	9:30—10:30	小一、小二	小七、小八	小五、小六	小三、小四	根据班级幼儿情况自行安排
场地1	上午	10:30—11:30	中一、中二	中七、中八	中五、中六	中三、中四	根据班级幼儿情况自行安排
场地1	下午	3:30—4:30	大一、大二	大七、大八	大五、大六	大三、大四	根据班级幼儿情况自行安排
场地2	上午	9:30—10:30	小三、小四	小一、小二	小七、小八	小五、小六	根据班级幼儿情况自行安排
场地2	上午	10:30—11:30	中三、中四	中一、中二	中七、中八	中五、中六	根据班级幼儿情况自行安排
场地2	下午	3:30—4:30	大三、大四	大一、大二	大七、大八	大五、大六	根据班级幼儿情况自行安排
场地3	上午	9:30—10:30	小五、小六	小三、小四	小一、小二	小七、小八	根据班级幼儿情况自行安排
场地3	上午	10:30—11:30	中五、中六	中三、中四	中一、中二	中七、中八	根据班级幼儿情况自行安排
场地3	下午	3:30—4:30	大五、大六	大三、大四	大一、大二	大七、大八	根据班级幼儿情况自行安排
场地4	上午	9:30—10:30	小七、小八	小五、小六	小三、小四	小一、小二	根据班级幼儿情况自行安排
场地4	上午	10:30—11:30	中七、中八	中五、中六	中三、中四	中一、中二	根据班级幼儿情况自行安排
场地4	下午	3:30—4:30	大七、大八	大五、大六	大三、大四	大一、大二	根据班级幼儿情况自行安排
备注	如根据班级幼儿活动实况需要调整场地，请班级自行协商调换，务必保证每周场地轮换至少一次						

(三)固化研讨模式,提升教师运动技能与素养

针对运动环境中非物质环境的提升,我们借助"一培二研三运用"的教研模式解决。

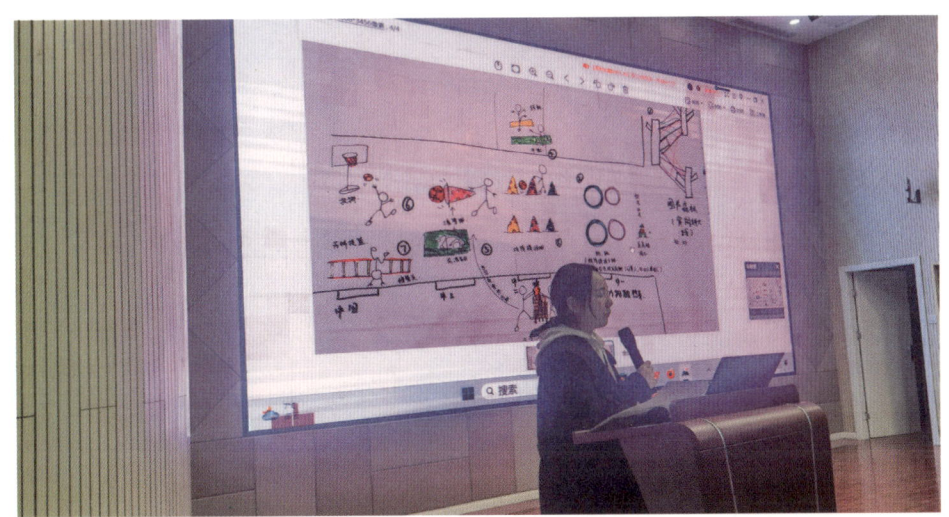

1. 统一基本口令

幼儿园各年龄班队列练习的内容和要求——基本口令

分类	动作名称	动作口令	动作基本要求		
			小班	中班	大班
短促口令	立正	立正!	上体正直,两臂自然下垂,眼睛向前看	脚跟靠拢,脚尖稍分开,上体正直,两臂自然下垂,头要正,眼看前方	脚跟靠拢,脚尖分开,上体正直,两臂自然下垂,头正,眼看前方
	稍息	稍息!	两脚侧开立,两臂自然下垂	两脚侧开立,两手臂自然下垂于身体两侧	左脚向左侧跨出半步,两手于背后相握,重心落在两脚之间,两臂自然下垂于身体两侧

(续表)

分类	动作名称	动作口令	动作基本要求		
			小班	中班	大班
连续口令	看齐（开始）	向前看——齐！	纵队排头不动，其余幼儿手举起搭放在前面幼儿肩上，同时看向前面幼儿的颈部	纵队排头不动，其余幼儿两臂前平举，眼看前面幼儿颈部	排头幼儿两臂侧平举，其余幼儿两臂前平举，眼看向前面幼儿头的后部
	看齐（结束）	向前——看！（手放下）	上述动作完毕后，教师下达"手放下"口令	上述动作完毕后，教师下达"手放下"口令	上述动作完毕后，教师下达"手放下"口令
	齐步走	齐步——走！	上体正直，自然向前走，两臂前后自然摆动	上体正直，上下肢协调地走	左脚开始向前走步，步伐均匀，上体正直，两臂前后自然摆动，有精神地走
	跑步走	跑步——走！	听到预令后，两臂屈肘于体侧，听到动令时，自然跑	听到预令后，两臂屈肘于体侧，听到动令时，上下肢协调轻松地跑	听到预令后，两手半握拳，屈肘在体侧，听到动令后两脚前脚掌着地跑，同时上体稍向前倾，两臂前后自然摆动
	踏步走	（原地）踏步——走！	原地移动，两臂前后自然摆动	上体正直，上下肢动作协调地原地踏步	从左脚开始，两脚在原地上下起落，上体正直，两臂前后自然摆动，眼睛向前看
	立正	立——定！	自然停下，呈立正姿势	听到动令自然停下，身体呈立正姿势	听到动令后，两拍停下，呈立正姿势

2. 丰富体育活动形式，提升体育活动兴趣

	措施	以跳绳活动为例
方法1	设置激发幼儿挑战欲望的活动形式	①户外放置小黑板来记录跳绳数量，鼓励幼儿挑战最高纪录；②挑战1分钟跳绳数量；③挑战连续不间断跳绳数量；④同伴互助，帮助他人学会跳绳
方法2	设计富有情节和趣味性的游戏情境	①创设寻宝情境，通过跳绳取得"通关密令"；②创设闯关情境，通过跳绳获得闯关成果；③接力跳绳游戏
方法3	组织家庭参与互动活动	①开展亲子跳绳活动月；②亲子跳绳擂台直播赛；③花样跳绳展示

第四篇 儿童本位"趣"运动环境创设

3. 关注教师观察能力，重视幼儿运动品质

幼儿园户外体育活动观察要点记录表

观察人：　　　　　　观察地点：　　　　　　观察时间：

观察要点			
	兴趣习惯	活动中情绪状态如何？	
		参与体育活动积极性如何？	
	动作能力	幼儿动作发展有哪些？	
		关于动作能力后续有何建议？	
	器械使用	材料使用有什么新的组合？	
		你觉得材料是否还有可变性？	
	运动品质	幼儿表现出哪些运动品质？	
		是否遇到困难，幼儿是如何做的？	
反思		你对活动组织有何反思和建议？	

4. 关于运动技能中专业动作问题

比如教师对跳箱动作技巧了解得不够清晰，经教研之后形成以下意见：

第一，大家一起对跳箱的动作进行分解，并最终形成动作分解图。

第二，活动评价方面，仅凭幼儿能否跨过箱子来判断是否达到教学目标过于片面。

第三，教师对不正确动作并未进行指导。

针对这个案例我们开展了专家培训，即邀请小学专职体育教师通过示范、体验、指导、纠正等方式，全面提升教师们的跳箱相关知识水平；开展了专题研讨，组织教师进行跳箱动作练习，并指导教师如何利用跳箱动作分解示意图，帮助幼儿循序渐进掌握跳箱流程。幼儿跳箱动作更规范，跳箱成功率更高，有的幼儿在没有跳过时还不放弃，再次努力尝试。

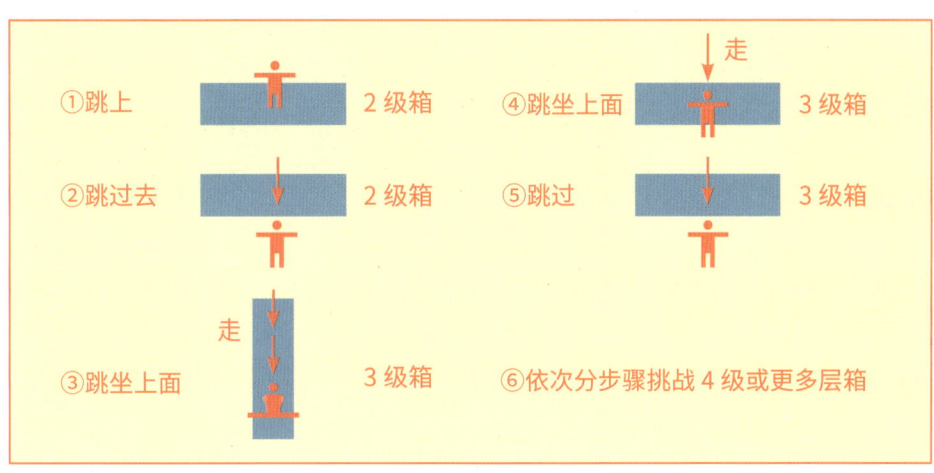

在环境中看见儿童

运动环境创设中的收获

（一）环境真正为幼儿发展服务

通过不断优化和完善运动设施，打造了一个充满挑战与乐趣的运动环境，使幼儿尽情释放活力、锻炼身体，学会沟通、分享和互助，培养幼儿团队协作精神和社交能力，让幼儿在运动中快乐成长。

（二）幼儿体质、品质得到极大提升

通过以上持续不断运动环境实践研究的深入开展，幼儿体能及身体素质得到了极大增强，动作更加灵活、灵敏；同时运动的自觉性、坚持性，遇到困难和障碍时的自控力，以及乐观、勇敢、坚强、不怕困难等优秀的运动品质也得到了极大的发展。

| 第四篇 儿童本位"趣"运动环境创设 |

在环境中看见儿童

（三）教师专业综合素养逐步提高

通过培训、观察、研讨等系列活动，教师的技能更加专业，活动组织更加规范，教师科学观察幼儿、及时发现问题、解决问题的能力得到提升。

在环境中看见儿童